淮南子

全民阅读经典小丛书

[汉]刘安◎著

冯慧娟◎编

吉林出版集团股份有限公司

图书在版编目（CIP）数据

淮南子 /（汉）刘安著；冯慧娟编 . —长春：吉林出版集团股份有限公司，2016.1（2025.1 重印）
（全民阅读·经典小丛书）
ISBN 978-7-5581-0128-1

Ⅰ . ①淮… Ⅱ . ①刘… ②冯… Ⅲ . ①杂家–中国–西汉时代②《淮南子》–通俗读物 Ⅳ . ① B234.4-49

中国版本图书馆 CIP 数据核字 (2016) 第 031313 号

HUAI NAN ZI

淮南子

作　　者：[汉]刘安　著　冯慧娟　编
出版策划：崔文辉
选题策划：冯子龙
责任编辑：李金默
排　　版：新华智品
出　　版：吉林出版集团股份有限公司
（长春市福祉大路 5788 号，邮政编码：130118）
发　　行：吉林出版集团译文图书经营有限公司
（http://shop34896900.taobao.com）
电　　话：总编办 0431-81629909　营销部 0431-81629880 / 81629881
印　　刷：吉林省金昇印务有限公司
开　　本：640mm × 940mm 1/16
印　　张：10
字　　数：130 千字
版　　次：2016 年 7 月第 1 版
印　　次：2025 年 1 月第 4 次印刷
书　　号：ISBN 978-7-5581-0128-1
定　　价：48.00 元

印装错误请与承印厂联系　电话：18604312011

前言

国学是以先秦的经典及诸子学说为根基，涵盖了两汉经学、魏晋玄学、宋明理学和同时期的汉赋、六朝骈文、唐宋诗词、元曲与明清小说并历代史学等一套特有而完整的文化、学术体系。

丹书漫启，剪烛夜读。古老的文化犹如一杯香茗，穿过时间的阻隔散发出无尽的幽香；那些动人心怀的文字如一阵微风，掠过亘古的光阴拂面而来：诗之旷达放逸，抒怀明志；词之幽怨雅丽，感怀述心；文之微言大义，镂心刻骨……千年华彩，数载风流。前秦时代的百家争鸣，奠定了中国传统文化的基石，那些宗师先贤的睿智和风骨各具风采，“儒”有仁爱之德，“道”有和谐之法，“法”有治世之能，“史”有察今之用……

纵观五千年浩瀚历史，国学是中华文化之魂，是滋养精神生命的甘泉。它以强大的活力和恒久的魅力创造着一个又一个奇迹，演绎了一代又一代文明盛世。

学国学，魅在领悟，工在体味，效在吸纳。读国学经典，能助今人修身怡心，达到“腹有诗书气自华”之境界；品国学经典，能让今人以圣人为师，汲取历经岁月沉淀的人生哲理。

目录

原道训

【原文】

夫[①]道者，覆天载地，廓[②]四方，柝八极[③]，高不可际[④]，深不可测，包裹天地，禀授无形[⑤]。原流泉浡[⑥]，冲[⑦]而徐盈，混混汩汩[⑧]，浊而徐清。故植之而塞于天地，横之而弥[⑨]于四海，施之无穷而无所朝夕[⑩]，舒之幎[⑪]于六合，卷之不盈于一握。约而能张，幽而能明，弱而能强，柔而能刚。横四维[⑫]而含阴阳，纮宇宙[⑬]而章三光。甚淖[⑭]而滒，甚纤而微，山以之高，渊以之深，兽以之走，鸟以之飞，日月以之明，星历以之行，麟以之游，凤以之翔。

【注释】

① 夫：句首语气词，表示下文要发表议论。

② 廓：同“扩”，扩张。

③ 柝：通“拓”，开拓。八极：八方，很远的地方。

④ 际：这里指达到。

⑤ 禀授无形：是说有形的万物是由无形的道产生的。

⑥ 原：同“源”，水的源头。浡：指水盛涌出。

⑦ 冲：通“盅”，虚空，引申为空虚。

⑧ 混混：水流急速滚翻的样子。汩汩（gǔ）：水流声。

⑨ 弥：弥漫、充满。

⑩ 施：应用。朝夕：这里指盛衰。

⑪ 幎 (mì)：本来指帐幔，这里引申为覆盖。

⑫ 横：横贯。四维：指天区的东北、东南、西南、西北四角。

⑬ 纮 (xuàn)：维系。宇宙：上下四方为宇，古往今来为宙。

⑭ 淖：烂泥。

【译文】

道，兼覆着苍天，承载着大地，开拓四方伸展到极远的地方，高不可及，深不可测。它包裹天地，养育着万物苍生。它如涓涓细流，由空虚逐渐充满，翻滚着波澜，由浑浊逐渐变得澄清。要是将其直立起来，可以充满天地，将其横放着，可以填满四海，它没有边际，也永远没有盛衰的时候，一旦舒展开来，可以覆盖上下四方，等到它蜷缩起来，一把就可以握过来。它可以缩可以张，可以暗也可以明，可以弱也可以强，能柔还能刚。它横穿天地而包容阴阳，包含宇宙而使日月星辰都能发光。它像水一般柔弱，微小到极致，山因为有它而能高耸，深渊依靠它变得更加深沉，野兽因为有它能够奔跑，鸟类依靠它可以高飞，日月依靠它能够有光亮，星辰有了它可以运行，麒麟依靠它而出游，凤凰依靠它而翱翔。

【原文】

泰古[①]二皇，得道之柄[②]，立于中央，神与化游[③]，以抚四方。是故能天运地滞[④]，轮转而无废[⑤]，水流而不止，与万物终始[⑥]。风兴云蒸，事无不应；雷声雨降，并应无穷。鬼出电入[⑦]，龙兴鸾集；钧旋毂[⑧]转，周而复匝。已雕已琢，还反于朴。无为为之而合于道，无为言之而通乎德，恬愉无矜而得于和，有万不同[⑨]而便于性。神托于秋毫之末，而大与宇宙之总。其德优[⑩]天地而和阴阳，节四时而调五行。呴谕[⑪]覆育，万物群生，润于草木，浸于金石，禽兽硕大，毫毛润泽，羽翼奋也，角觡[⑫]生也，兽胎不贕，鸟卵不毈[⑬]，父无丧子之忧，兄无哭弟[⑭]之哀，童子不孤，妇人不孀[⑮]，虹霓不出，贼星[⑯]不行，含[⑰]德之所致。

【注释】

①泰古：远古。泰：同“太”，最。

②柄：比喻根本、枢纽。

③化：造化，这里指大自然。游：结合。

④ 运：运转。滞：停止。

⑤ 废：休止。

⑥ 终始：指运动全过程。

⑦ 鬼出电入：是说速度极快，没有踪迹。

⑧ 钧：陶匠制作陶器的转轮。毂 (gǔ)：车轮中心可以插轴的部分。这里起比喻作用。

⑨ 有万不同：容纳万物，不能强求它们一致，听任万物发展，不能加以干涉。也就是“无为而治”。

⑩ 优：这里是使柔顺的意思。

⑪ 呴谕：通“煦妪”，关怀培养的意思。

⑫ 骼 (gé)：骨角。

⑬ 殰：胎不成兽曰“殰”。毈 (duàn)：卵不成鸟曰“毈”。

⑭ 弟：通“泣”。

⑮ 孀：寡妇。

⑯ 贼星：这里指彗星。

⑰ 含：怀着。

【译文】

远古时期的伏羲、神农两位帝王，掌握了道的根本，他们站在天地中央，让自己的精神顺应着自然变化，从而使四方得到安抚。因此天能够得以运行，大地能够得以积蓄，像车轮一样旋转一直不停，像流水一样一泻千里永不停息，和万物一起生长。就像风一兴起云就会蒸腾，雷响就开始降雨，这些都是与道相互呼应的，这种呼应是无穷无尽的。鬼出电入般迅速，龙腾鸾集般气势非凡。似制陶的转轮，旋转不息，周而复始。经过多次打磨，最终回归质朴。无为而治的处世态度，是合于道的，无为而谈的想法，于德是可行的；安然恬适，不自骄自傲，而能够达到和谐，虽然万物各不相同，但是都能顺于天性。把精神寄托于秋毫之末，得到的却大于宇宙的总和。它的德使天地和顺、使阴阳和谐，使四时得到调控，使五行得到调理。温煦爱抚，庇护保佑万物群生，滋润了草木，浸润了金石，让禽兽变得健壮，毫毛有光泽，羽翼丰满强劲，长成骨角，野兽不会死胎，鸟卵都能孵化成鸟；父亲不会有丧失儿子的忧伤，哥哥没有丧失弟弟的哀伤，孩子不会变成孤儿，妇人也不会变成寡妇，虹霓这样的灾气不出现，妖星不会运行，这是二皇怀德才得到的。

【原文】

夫太上[①]之道，生万物而不有，成化像[②]而弗宰。跂行[③]喙息，蠉飞蠕动[④]，待而后生，莫之知德；待之后死，莫之能怨。得以利者不能誉，用而败者不能非。收聚畜积而不加富，布施禀授而不益贫。旋县[⑤]而不可究，纤微而不可勤[⑥]。累之而不高，堕之而不下，益之而不众，损之而不寡，斫之而不薄，杀之而不残，凿之而不深，填之而不浅。忽兮怳兮[⑦]，不可为象[⑧]兮；怳兮忽兮，用不屈[⑨]兮。幽兮冥兮[⑩]，应无形兮；遂兮洞兮[⑪]，不虚动兮。与刚柔卷舒[⑫]兮，与阴阳俯仰兮。

【注释】

① 太上：最高的。
② 化像：自然形成的物象。
③ 跂行：指用脚走路的动物。
④ 蠉 (xuān) 飞蠕动：指昆虫类的动物。
⑤ 旋县：微妙的样子。县：同“悬”。
⑥ 勤：穷尽。
⑦ 忽兮怳兮：恍惚，似有似无的样子。
⑧ 象：形象。
⑨ 屈：枯竭。
⑩ 幽兮冥兮：渺茫的样子。
⑪ 遂兮洞兮：幽深难测的样子。遂：通“邃”。
⑫ 卷舒：即伸屈。

【译文】

至高无上的道，生出了万物却不据为己有，造就成物象却不会主宰它们。凡是那些用腿走路，用嘴呼吸的动物，不管是飞翔还是蠕动的昆虫，都依靠道才产生，可是它们不知道对道感恩戴德；它们按照道的运行才死去，生物也是不知道去怨恨它的。它们从道中受到好处却不知道称赞它，在道的安排下走向衰败也不会非难它。它能够不断收聚蓄积却不会变得富裕，对万物布施授予却不显出贫乏；它变化万端却不可深究，极其细微却没有穷尽；堆积起来不能使它增高，坠落下去也不能使它降低；增加它并不会变多，削弱它也不见得变少；砍它不能让它变薄，削它也不能让它变弱；凿它不见得加深，填它不见得变浅。惚惚恍恍啊，看不清楚它的具体形象；恍恍惚惚啊，它的功用没有穷尽；道的活动幽冥暗昧啊，万物呼应它，但是它却不露任何痕迹；它深幽邃远啊，它的运动是有一定的作用的。它和刚柔一起蜷缩伸展，和阴阳一起升降。

【原文】

昔者，冯夷、大丙[①]之御也，乘云车[②]，入云霓，游微雾[③]，骛[④]怳忽，历远弥高以极往。经霜雪而无迹，照日光而无景，扶摇抮抱羊角[⑤]而上，经[⑥]纪[⑦]山川，蹈[⑧]腾[⑨]昆仑，排[⑩]阊阖，沦天门。末世之御，虽有轻车良马，劲策利锻[⑪]，不能与之争先。是故大丈夫恬然无思，澹[⑫]然无虑；以天为盖，以地为舆，四时为马，阴阳为御；乘云陵霄，与造化者俱[⑬]。纵志舒节[⑭]，以驰大区[⑮]。可以步[⑯]而步，可以骤而骤；令雨师洒道，使风伯扫尘，电以为鞭策，雷以为车轮；上游于霄雿[⑰]之野，下出于无垠之门。刘览偏照，复守以全。经营四隅，还反于枢。故以天为盖则无不覆也，以地为舆则无不载也，四时为马则无不使也，阴阳为御则无不备也。是故疾而不摇，远而不劳，四支[⑱]不动，聪明不损，而知八纮九野之形埒者，何也？执道要之柄，而游于无穷之地。

【注释】

①冯夷、大丙：都是古代得道能够驾驭阴阳的人。

②云车：王念孙疑为雷车。云、雷形近而误。

③游：行。微雾：天之微气。

④ 骛：奔驰。

⑤ 扶摇：盘旋而起的暴风。抮：旋转。羊角：曲折上升的旋风。

⑥ 经：行。

⑦ 纪：通。

⑧ 蹈：踏。

⑨ 腾：上。

⑩ 排：推开。

⑪ 策：马鞭。锻：马鞭末端的刺针。

⑫ 澹：通“憺”，安适。

⑬ 造化者：指天地。俱：在一起。

⑭ 纵：放纵。舒：舒缓。

⑮ 大区：即大虚，指天。

⑯ 步：缓慢行走。

⑰ 霄雿：虚无幽深的样子。

⑱ 四支：四肢。

【译文】

冯夷、大丙都是远古时期善驾驭的人，他们乘着雷车，把六条云霓当马，在微雾之中周游，在恍惚的境界里奔驰，经过极远之路，最后奔到一个极为渺远的地方，一个穷尽一切可以到达的地方。经过霜雪却不留下痕迹，接受日光照射却不投下影子，借着扶摇、羊角这些旋风倾斜着飞行。经历高山大川，飞腾于昆仑之上，冲开登天的大门，一直奔到天帝所居的宫门。末世的驭手，虽然车子极为轻便，马都是上等的，鞭子非常有力，马刺极为锋利，也是不能和他们俩相比的。所以大丈夫应该恬淡安适，无忧无虑，把苍天作为车盖，将大地作为车子，将四时看成马匹，以阴阳为驭手，驾驶着白云，飞越高空，和造化者相互追随。放纵自己的心情，舒放行车的节奏，驰骋于太虚之区，想缓慢就放慢速度，想加快速度就奔跑起来，随心所欲。令雨师来清洗道路，让风伯来打扫尘埃，以闪电为鞭子，以雷为车轮，向上周游于虚无缥缈之野，向下出入于没有边际的大门。虽然观览照视高渺之境，却能够始终保守纯真。周游于四方极远之处，最后能够返回于本真。所以用天作为车盖，所有的东西就都可以负载。用地作为车子，就没有什么东西不能承载；用四时作为骏马，世间万物都会听使唤。以阴阳作为御手，就没有什么是不完备的了。所以虽然速度很快却不会摇晃，虽然路远却可以免受劳困之苦，身体不受劳苦，才智不受减损，而能了解八方上下的形状、范围，这到底是为什么呢？是因为掌握了“道”的根本，所以才能畅游于无穷无尽之中。

【原文】

是故天下之事，不可为也，因其自然而推之，万物之变，不可究也，秉其要归之趣[①]。夫镜水之与形接也，不设智故[②]而方圆曲直弗能逃也，是故响不肆应[③]，而景[④]不一设，叫呼[⑤]仿佛，默然[⑥]自得。

【注释】

①秉：掌握，拿着。趣：通“趋”。

②智故：巧饰、伪诈。

③响：回声。肆应：各方响应。

④景：通“影”。

⑤叫呼：指回声。

⑥默然：有自得之意。

【译文】

所以天下的事情是不可以刻意去做的，要顺应规律而推移，万物的变化是不能凭人的智慧去探究的，要按照事物发展的趋势来把握真谛。镜子和盆中之水能映照一定的具体的外在形象，因为镜和水都没有什么巧诈之物，所以不管是方圆还是曲直都可以照得清清楚楚，什么东西都不能逃过。因此回声只能跟着声源，不能从四面八方都响起，影子只能随着物体，不能只投向一个方向。因此回声和影子，在昏昏默默之中却能够自得其所。

【原文】

人生而静，天之性也，感[①]而后动，性之害[②]也。物[③]

至而神应，知之动也。知[4]与物接而好憎生焉，好憎成形而知诱于外，不能反己，而天理灭矣。故达于道者，不以人易天[5]，外与物化[6]而内不失其情。至无[7]而供其求，时骋而要[8]其宿。大小修短，各有其具[9]，万物之至，腾踊肴乱而不失其数[10]。是以处上而民弗重，居前而众弗害，天下归之，奸邪畏之。以其无争于万物也，故莫敢与之争。

【注释】

①感：有感触。

②害：应该是“容”，仪容外表。

③物：指事情。

④知：通“智”，智慧。

⑤天：天性。

⑥物化：跟随事物变化。

⑦至无：即道体至虚。

⑧要：即“邀”，从中拦截，这里有对其加以控制让其朝着一定方向发展的意思。

⑨具：具备。

⑩腾踊：翻腾、跳跃。肴：通“淆”，杂乱。数：法度。

【译文】

人生下来本来就是清静无为的，这才是上天所赋予的本性，受了感触内心有所动摇，这是对本性的损害。事物出现在人的面前，精神便开始有所反应，这是人的智慧在活动。智慧与事物接触，于是也就有了喜欢、厌恶的感情，喜欢、厌恶的感情自然就会有所显露，于是智慧就为外物所诱惑，不能回到自身本真，天性于是也就消失了。所以能够最后和道相通的人，是不会用人的欲望来改变天性的，外表和万物的变化一致，但是内心还是能够守护本真的。道至虚却能满足万物的任何需求，随时变化却能得其所止。不论是大小、长短，各种形态都是具备的，万物来时，不管是如何翻腾纷乱，都有一定的法度。因此，得道者虽然处在上面，而人民却不因此而感到沉重，虽然处在人民的前面，但是人民却不感到有所损害，天下都归附他，奸邪之人却畏惧他。因为他同万物没有所争，所以天下自然不敢和他相争。

【原文】

夫临江而钓，旷日而不能盈罗[①]，虽有钩箴芒距[②]，微纶[③]芳饵，加之以詹何、娟嬛之数[④]，犹不能与网罟争得也；射者扞乌号之弓[⑤]，弯綦卫之箭，重之羿、逢蒙[⑥]子之巧，以要[⑦]飞鸟，犹不能与罗者竞[⑧]多。何则？以所持之小也。张天下以为之笼，因江海以为罟[⑨]，又何亡鱼失鸟之有乎？故矢不若缴[⑩]，缴不若无形之像。夫释大道而任小数，无以异于使蟹捕鼠，蟾蠩捕蚤[⑪]，不足以禁奸塞邪，乱乃逾滋。

【注释】

①罗：通“箩”，竹制的盛器。

②钩箴：一种像针一样的钩子。芒距：一种尖利的钩抓。

③纶：钓鱼的丝线。

④詹何：战国时楚国的隐士，非常善于钓鱼。娟嬛：战国时楚国的哲学家，传说是老子的弟子。数：技艺。

⑤扞：拉开。乌号之弓：古代的强弓名。

⑥重：加上。羿、逢蒙：都是传说中善于射箭的人。

⑦要：取，这里是指射猎疾飞的鸟。

⑧竞：追逐、比赛。

⑨因：用来。罟：捕鱼的网。

⑩缴：拴在箭上的丝绳。

⑪蟾蠩（chán zhū）：即蟾蜍。蚤：跳蚤。

【译文】

在江边钓鱼，即使钓一天也不能满一箩，即使使用的钓钩很尖，倒刺非常锋利，钓绳很细，钓饵很香，而且还有詹何、娟嬛这些高手的技术，还是不能和大网捕捞相提并论；射鸟的人让他张开乌号之弓，搭上棋卫之箭，使用后羿、逢蒙的绝技，来射取飞鸟，即使这样也无法和鸟网一比高下。到底是什么原因呢？因为他们所用的工具太小。如果把天下作为捕鸟的笼子，把大江、大海作为捕鱼的网，那么怎么会有鸟儿和鱼逃跑呢？所以箭比不上带绳的缴，缴又比不上网，网就更不能和无形的天地之笼相比高下了。抛弃大道而喜欢小技术，这就好比螃蟹捕老鼠，蛤蟆捉跳蚤那样荒谬，这样做不但不能够禁止奸邪，反而会使事情变得更加混乱。

【原文】

昔者，夏鲧作三仞[①]之城，诸侯背之，海外有狡心[②]。禹知天下之叛也，乃坏城平池，散财物，焚甲兵，施之以德，海外宾服[③]，四夷纳职，合诸侯于涂山[④]，执玉帛者万国。故机械之心[⑤]藏于胸中，则纯白不粹[⑥]，神德[⑦]不全。在身者不知，何远之所能怀？是故革[⑧]坚则兵利，城成则冲[⑨]生，若以汤沃[⑩]沸，乱乃逾甚。是故鞭噬狗策蹄[⑪]马而欲教之，虽伊尹[⑫]、造父弗能化。欲宍[⑬]之心亡于中，则饥虎可尾[⑭]，何况狗马之类乎？故体道者逸而不穷，任数[⑮]者劳而无功。夫峭法刻[⑯]诛者，非霸王之业也；箠策繁用者，非致远之术也。离朱[⑰]之明，察箴末于百步之外，不能见渊中之鱼；师旷之聪[⑱]，合八风[⑲]之调，而不能听十里之外。故任一人之能，不足以治三亩之宅也；修道理之数，因天地之自然，则六合不足均也。是故禹之决渎[⑳]也，因水以为师；神农之播谷也，因苗以为教。

【注释】

① 夏鲧（gǔn）：夏禹的父亲。三仞：王念孙认为是九仞，按照古代的礼制天子的城高九仞，公侯城为七仞，伯城为五仞，子城为三仞。鲧造的应该是天子城，所以诸侯都背叛他。

② 狡心：叛逆之心。

③ 宾服：称臣归服。

④ 涂山：在今安徽怀远淮水北。

⑤ 机械之心：巧诈之心。

⑥ 粹：纯粹。

⑦ 神德：精神专一的德。

⑧ 革：用来防御的兵器。

⑨ 冲：冲车。

⑩ 汤：热水。沃：浇灌。

⑪ 蹄：踢。

⑫ 伊尹：商初重臣之一，辅佐汤夺取天下的开国元勋，还是后来三任商王的功臣。

⑬ 宊："害"字之误。

⑭ 尾：这里用作动词，尾随。

⑮ 任数：指玩弄权术。

⑯ 峭法：严厉的刑法。刻：苛刻。

⑰ 离朱：黄帝的臣子，视力特别好。

⑱ 师旷：春秋时期晋平公的乐师。聪：听觉灵敏。

⑲ 合：应该是"分"，分辨。八风：八方之风。

⑳ 决：疏通。渎：大河。古代长江、黄河、淮河、济水称为"四渎"。

【译文】

自从夏鲧造起了九仞高的城，诸侯就开始有了叛离之心，海外各国也对他有了违逆之心。禹知道天下的人民将要叛变的原因，于是把城墙毁坏，填平护城河，把财物散发给民众，将武器毁掉，广施恩德于人民，从此，海外各国又相继称臣归服，周边藩国又纷纷贡赋，禹在涂山会盟天下诸侯，共有一万多个国家带着玉帛而来。所以巧诈之心要是在人的内心中出现，那么人纯洁的天性就会受到玷污，神明的道德也就不能保全了。自己都不明智，又怎么能使远方的人前来归顺呢？所以铠甲坚固，于是尖利的兵器就随之出现了，修筑城墙之后，陷阵的战车就出现了，就好比舀起热水来阻止水的沸腾，只能使祸患更为加剧。因此用鞭子抽咬人的狗，拿马策刺踢人的马，用这种办法使它们驯服，即使是伊尹、造父，最终还是不能制服它们。如果心里没有害人的念头，即使饥饿的老虎也可以尾随着它，不会受到伤害，何况对付的是狗马之类呢？所以领会了大道的人，就会安逸不受到困厄，仅仅靠着巧诈之术的人，即使劳顿也不一定成功。依靠苛法严刑，不足以成就霸王之业；依赖鞭棰马策，也不是一个抵达远方的好办法。离朱的眼睛虽然敏锐，能够在一百步之外看到针尖，但是他却看不见深渊里的游鱼；师旷的耳朵算是极其灵敏的了，可以听辨各种音调，但让他去听十里之外的声音也是办不到的。所以只依靠一个人的才能，是无法使三亩大的宅院得到治理的；遵循道的规律，顺应天地自然的变化，天下也是很容易治理的。所以大禹挖开沟渠，是因为受益于水往低处流的规律；神农播种五谷，是顺应了禾苗的生长规律，并从中受到教益。

【原文】

夫萍树[①]根于水，木树根于土，鸟排虚而飞，兽蹠实[②]而走，蛟龙[③]水居，虎豹山处，天地之性也。两木相摩而然[④]，金火相守[⑤]而流，员[⑥]者常转，窾[⑦]者主浮，自然之势也。是故春风至则甘雨降，生育万物，羽者妪伏[⑧]，毛者孕育，草木荣华，鸟兽卵胎，莫见其为者，而功既成矣。秋风下霜，到生挫伤[⑨]，鹰雕搏鸷[⑩]，昆虫蛰藏[⑪]，草木注[⑫]根，鱼鳖凑[⑬]渊，莫见其为者，灭而无形。木处榛巢[⑭]，水居窟穴，禽兽有艽[⑮]，人民有室，陆处宜牛马，舟行宜多水，匈奴出秽[⑯]裘，干[⑰]越生葛绨，各生所急，以备燥湿，各因所处，以御寒暑，并得其宜，物便其所。由此观之，万物固以自然，圣人又何事焉！九疑[⑱]之南，陆事寡而水事众，于是民人被发文身，以像鳞虫；短绻不绔[⑲]，以便涉游；短袂攘[⑳]卷，以便刺舟，因之也。雁门[㉑]之北，狄不谷食，贱长贵壮，俗尚气力，人不弛弓，马不解勒，便之也。故禹之裸国[㉒]，解衣而入，衣带而出，因之也。今夫徙树者，失其阴阳之性，则莫不枯槁。故橘树之江北，则化而为枳，鸲鹆[㉓]不过济，貈渡汶[㉔]而死。形性不可易，势居不可移也。是故达于道者，反于清净；究于物者，终于无为。以恬养性，以漠处神，则入于天门。

【注释】

①树：生长。

②实：土地。

③蛟龙：古代传说中的一种居于水的龙。

④然：通“燃”，燃烧。

⑤守：守候，即现在的化学反应。

⑥员：同“圆”。

⑦窾：同“款”，空。

⑧妪：本来指年老的女人。妪伏：这里指鸟孵卵。

⑨到（dǎo）生：草木倒地而生。到，古“倒”字。挫伤：指草木凋零。

⑩搏鸷：猛烈搏击。

⑪蛰藏：昆虫蛰伏。

⑫注：集中。

⑬凑：聚集。

⑭榛：树丛。巢：这里用作动词，是筑巢的意思。

⑮艽（jiāo）：兽穴里的垫草。

⑯秽：粗陋。

⑰干：通“邗（hán）”，指吴地，长江下游在古代属吴地。

⑱九疑：又叫苍梧山，在湖南宁远。

⑲短绻：穿短衣。不绔：不穿裤子。

⑳袂：袖子。攘：挽起。

㉑雁门：古县名，在山西代县西北。

㉒裸国：古代中国的南方的国名，那里的人裸身。

㉓鸲鹆（qú yù）：鸟名，即八哥。

㉔貉：狗獾。汶：汶水，在今山东。

【译文】

浮萍生于水面，树的根长在土里，鸟类靠着翅膀能够飞翔，兽在地上奔跑，蛟龙生活在水中，虎豹活动在山林中，这是天地所赋予它们的本性。两块干木头互相摩擦就能生火，金属放在火中就会熔化，圆的东西经常转动，空的东西可以浮于水上，这是自然的趋势。所以春风一吹，甘霖就要来到，万物就开始生长和孕育，有羽毛的鸟类就开始孵卵，有皮毛的兽类就开始怀胎，草木开始开花，鸟生蛋，兽怀胎，没有人知道是谁有意让它们刻意去做的，但实际上春天已经在无形中化育万物。秋风吹来霜降大地，植物凋落，鹰雕开始搏杀小鸟，昆虫为了过冬开始躲藏起来，草木将养分聚集在根部，鱼鳖都藏进深渊，没有人见到是谁指挥它们这样做，但是万物消失不见了踪影。住在树上的动物筑巢，居于水中的动物挖穴；禽兽在自己的窝里会铺垫草，人类会建造房室，经常活动在陆地上的人借助牛马，经常行船的地方就要求水流富足，匈奴出产粗劣的皮裘，凉爽的细葛出自吴越，各地生产的东西都是当地所急需的，是用来防燥湿的，对当地的资源加以利用，用来抵御严寒、酷暑，大家都从中满足了自己的所需，万物也得到了适宜的环境。由此可以看出，万物本身就是顺应自然而活动的，又何必劳烦圣人去治理呢！居九嶷山以南的民众，陆地上活动的事情少，而水中活动的事情多，于是这里的人民就把头发剪短了，在身上刺了花纹，打扮成蛟龙的样子，为的是不受到伤害；他们只穿短裤而不穿套裤，为的是方便涉水游泳；他们喜欢只穿短袖衣，把袖子卷起，是为了好撑船，这些习俗只是为了适应水上生活的特点。居雁门关以北的民众，不吃谷类食物，不善待老弱的人，只尊重身体强健的年轻人，他们的习俗崇尚勇力，那里的人弓不离手，马也不解除带嚼子的笼头，这样做是为了便于草原上的生活。所以禹到了南方的裸国，进去的时候就脱下了衣服，等他出来的时候赶紧系上衣带，这是为了适应当地的习俗。现在移植树木的人，搞乱了树木的自然本性，树木自然就会枯萎。所以橘树一到了长江以北，就变成了枳树；鸲鹆是不可以渡过济水的；狗獾过了汶水就要死掉。它们的本性是不可以改变的，所以它们原本的生长环境也不能随便转移。所以通达于道的人，必返于清静天性；探究事物奥秘的人，最终采取无为的态度。用恬淡来涵养本性，用淡漠来调理精神，就可以进入天然的境界了。

【原文】

所谓天者，纯粹朴素，质直[①]皓白，未始有与杂糅者也。

所谓人者，偶瞜智故[2]，曲巧伪诈，所以俯仰于世人而与俗交者。故牛岐蹄[3]而戴角，马被髦而全足者，天也；络[4]马之口，穿牛之鼻者，人也。循[5]天者，与道游者也；随人者，与俗交者也。夫井鱼不可与语大，拘于隘也；夏虫[6]不可与语寒，笃[7]于时也；曲士[8]不可与语至道，拘于俗，束于教也。故圣人不以人滑[9]天，不以欲乱情，不谋而当[10]，不言而信，不虑而得，不为而成，精通于灵府[11]，与造化者为人。

【注释】

①质直：质朴正直，和邪曲不实相对。

②偶瞜：邪曲不正。智故：奸邪之心。

③岐蹄：足分趾，脚趾上又长了蹄子。

④络：罩住。

⑤循：遵循。

⑥夏虫：指蝉之类的小动物。

⑦笃：限制。

⑧曲士：见识短浅的人。

⑨滑：弄乱、扰乱。

⑩当：恰到好处。

⑪灵府：精神之宅，这里指内心。

【译文】

所谓天然，即纯粹朴素，正直、洁白，没有任何杂质掺杂于其中。所谓的人为，是指参差错乱、巧诈虚伪，并依靠这些来和世人周旋，而与俗物来往的。所以牛蹄子会分趾，头上长角，马颈上有毛，蹄子却是完整的，这是所谓的天然；给马嘴套上了笼头，在牛鼻上穿上了绳子，这是人为。遵循天道的人，是和道一起遨游的；追求人为的人，是和世俗交织在一起的。不可以和井里的鱼一起谈论大海，是因为鱼受狭隘的环境所拘束；不可以和夏天的蝉谈论寒冷，是因为它只生活在炎热的季节；不可以和见识浅陋的人谈论大道，是因为他们拘束于世俗的教育，受到世俗的束缚。所以圣人从来不让人为来扰乱他们的本性，不用欲望来扰乱性情，圣人能够做到不需要谋划就可以行事妥当，不用说话让人自然信服，不用思考就能达到目标，不需要劳动就能干成事业，它们的精神通达于心灵，和万物的造化者“道”相伴相随。

【原文】

夫善游者溺，善骑者堕，各以其所好，反自为祸。是故好事者未尝不中[①]，争利者未尝不穷也。昔共工[②]之力，触[③]不周之山，使地东南倾，与高辛[④]争为帝，遂潜于渊，宗族残灭，继嗣绝祀。越王翳[⑤]逃山穴，越人熏而出之，遂不得已。由此观之，得在时，不在争；治在道，不在圣。土处下，不争高，故安而不危；水下流，不争先，故疾而不迟。

【注释】

① 好事：这里指的是好为情欲之事。中：伤害。

② 共工：传说中的水神。

③ 触：指与南方火神大战，没有胜利，于是头触不周山。

④ 高辛：即帝喾。

⑤ 越王翳：越王太子，很有贤德。

【译文】

善于游泳的人往往被水淹死，善于骑马的人常常死于坠马，他们都因为自己的爱好，反过来招致祸害。所以热衷于世俗之事的人，没有不受伤的；争权夺利的人，没有不因此困窘的。从前共工力量强大，他撞倒不周山，使大地向东南方向倾斜下去，起因是他和高辛氏争夺帝位，最后失败只能潜伏在深渊之中，以至于宗族被消灭，从此绝后。越国太子翳躲进山穴之中，直到越人用火把他熏出来，最后他不得已才出来做了国君。由此看出，要想有所收获，必须顺从天时，而不是靠争夺；治理国家，也要顺乎于道，并不是靠什么圣明。土处于低下的位置，因为不想和谁争高，所以才会平安，远离危险；水往低处流动，也没有意思和谁争先，所以流得很快，而且不凝滞。

【原文】

昔舜[①]耕于历山，期年而田者争墝埆[②]，以封壤[③]肥饶相让；钓于河滨，期年而渔者争处湍濑[④]，以曲隈[⑤]深潭相予。当此之时，口不设[⑥]言，手不指麾[⑦]，执玄德[⑧]于心，而化驰[⑨]若神。使舜无其志[⑩]，虽口辩而户说之，不能化一人。是故不道之道，莽乎[⑪]大哉！夫能理[⑫]三苗，朝羽民，从裸国，纳肃慎，未发号施令而移风易俗者，其唯心行者乎！法度刑罚何足以致之也？是故圣人内修其本，而不外饰其末；保其精神，偃其智故；漠然无为而无不为也，澹然无治也而无不治也。所谓无为者，不先物为也；所谓无不为者，因物之所为。所谓无治者，不易自然也；所谓无不治者，因物之相然也。

【注释】

① 舜：古代传说中的帝王。
② 期：一年。墝埆：土地贫瘠。
③ 封壤：应该是封畔，这里指田界。
④ 湍濑：石滩上的急流。
⑤ 曲隈：崖岸弯曲的地方。
⑥ 设：陈说。
⑦ 指麾：同“指挥”。
⑧ 玄德：天然的德性。
⑨ 驰：行。
⑩ 志：统治天下的志向。
⑪ 莽乎：无边无际的样子。
⑫ 理：治理。

【译文】

从前舜在历山耕田，一年之后，种田的人争着把肥沃的土地让给别人，自己去贫瘠的土地耕种；舜在黄河边上钓鱼，一年之后，打鱼的人争着把鱼多的、水流弯曲的水岸和深潭让给别人，自己反而去水流湍急的地方打鱼。在那时，舜一句话不说，也不指挥谁，只是心里怀着自然无为的大德，而教化却好像有了神来帮助一样迅速传开。如果舜没有这样的心志，即使他善于辩说，对每个人进行说服教育，也不见得能感化一个人。所以不用言辞表达出来的道，真是浩瀚无边啊！舜能够降服三苗，使羽民前来朝拜，让裸国能够归顺，肃慎前来进贡，这一切他并没有发号施令，却能够使风俗改变，这恐怕是和他凭着这种自然无为的信念和德行来做事吧！依靠法制刑罚，怎么能达到这样的效果呢？所以圣人喜欢修养内在的本性，而不喜欢粉饰外在的末节；做到使他的精神得到修养，摒弃他的智巧，静寞无为实际上可以无所不为，淡泊无治实际上是可以做到无所不治。所谓无为，是不在事物变化之前采取什么行动；所谓无不为，是顺应万物的本性而采取一定的行动。所谓无治，就是不改变自然，能够顺应自然；所谓无不治，是顺应万物的本性处理得合情合理。

【原文】

万物有所生，而独知守其根；百事有所出，而独知守其门[①]。故穷无穷，极无极，照物而不眩[②]，响应而不乏[③]，此之谓天解[④]。故得道者，志弱而事强[⑤]，心虚而应当[⑥]。所谓志弱者，柔毳[⑦]安静，藏于不敢，行于不能，恬然无虑，动不失时，与万物回周旋转，不为先唱，感而应之。是故贵者必以贱为号[⑧]，而高者必以下为基。托小以包大，在中以制外；行柔而刚，用弱而强，转化推移，得一[⑨]之道而以少正多。所谓其事强者，遭变应卒[⑩]，排患扞[⑪]难，力无不胜，敌无不凌[⑫]，应化揆[⑬]时，莫能害之。是故欲刚者必以柔守之，欲强者必以弱保之。积于柔则刚，积于弱则强，观其所积，以知祸福之乡[⑭]。强胜不若己者，至于若己者而同；柔胜出于己者，其力不可量。故兵强则灭，木强则折，革固则裂，齿坚于舌而先之弊。是故柔弱者生之干[⑮]也，而坚强者死之徒[⑯]也。

【注释】

①根、门：在道家看来是产生万物的总的根、源和渠道，是属于无形生有形。

②眩：惑乱。

③乏：困乏。

④天解：即“解天”，意思是理解得很明确。

⑤强：没有不胜利的。

⑥当：合。

⑦毳（cuì）：通“脆”，脆的东西容易毁坏。

⑧号：称呼、称号。

⑨一：即无所不能的道。

⑩卒：通“猝”，仓促。

⑪扞（hàn）：通“捍”，抵御。

⑫凌：凌驾、超过。

⑬揆：测度。

⑭乡：通“向”，方向、趋势。

⑮干：主干。

⑯徒：类，同类。等于是说死的同义词。

【译文】

万物都有产生的根源，而只有圣人能够守护它的根本；百事都有出现的原因，而只有圣人才能把握住事物的关键。所以能穷尽无穷之处，到达无极之地，明察万物却不因此受到迷惑，如响应声却不会疲乏，这就叫作天解。所以得道的人，表面上柔弱但是做事却很坚强，他们虚怀若谷，做事却很恰到好处。所谓心志柔弱，做事坚强，就是思虑恬淡，将自己隐于不敢作为之中，行动看似无能，内心淡然安静，举动符合时宜，行动起来却不失掉时机，跟随万物回转周旋，不去首先倡导，但一有感触就会和万物相互呼应。因此高贵的总以谦卑的字眼称呼自己，高大的事物必须以低下的事物作为根基。依托在小处却可以包容广大，处在中间却可以控制左右；行动看似柔和却能做到刚健，处事软弱而可以做到刚硬，以此推移变化，掌握无所不包容的道，就可以用少来抵挡多。所谓行事坚强，就是在遭遇变故的时候，能够在仓促间应付自如，排除忧患，抵御灾祸，他的力量是可以胜任一切的，什么敌人都会被他打败；应付变化，审时度势，没有谁能够伤害他。所以想要刚健，必须保守柔和；想要强硬，必须用软弱进行保护。柔和积累到一定程度就变得刚健，软弱积累到一定程度就变得强硬，考察其所积累的，就可以知道祸福的大致方向。就可以让自己足够刚强，打败那些不如自己的；至于和自己一样刚强的，就打个平手；而用柔术胜过力量强于自己的人，这种力量是不可以估量的。因此兵力强大最终还是会被消灭的，这种强硬容易折断，皮革坚固易于裂开，齿比舌坚硬最先坏的却是齿。所以说柔弱是生存的支撑根本，而坚强和死亡属于同一类。

【原文】

先唱者，穷之路也，后动者，达之原[①]也。何以知其然也？凡人中寿七十岁，然而趋舍指凑[②]，日以月悔也，以至于死。故蘧伯玉年五十而有四十九年非[③]。何者？先者难为知，而后者易为攻[④]也。先者上高，则后者攀之；先者逾下，则后者蹷[⑤]之；先者隤陷，则后者以谋；先者败绩，则后者违之。由此观之，先者则后者之弓矢质的[⑥]也。犹镎[⑦]之与刃，刃犯难而镎无患者，何也？以其托于后位也。此俗世庸民之所公见也，而贤知者弗能避也。所谓后者，非谓其底滞[⑧]而不发，凝结而不流，贵其周[⑨]于数而合于时也。

【注释】

①达：通达。原：来源。

②指凑：行为举止。

③蘧伯玉：卫国的大夫。非：不顺利。

④攻：通“功”，成功。

⑤蹷：踩踏。

⑥质的：箭靶。

⑦镎：古代矛戟柄末上的金属箍。

⑧滞：凝滞不动。

⑨周：合。

【译文】

率先倡导，这是导致困厄的根源；后来行动，却是通达的根本。为什么要这样说呢？一般人的寿命是七十岁，但是，他在人生的取舍和追求等问题上，是每天都生活在悔恨当中的，这份悔恨是伴随着他一生的，这样一直到老死。因此蘧伯玉活了五十岁，却觉得自己有四十九年是错误的。为什么会这样呢？率先采取行动是很难做到明智无误的，后采取行动反而易于成就功业。先行者攀上高峰，后行者可以跟随着先行的人攀上山峰；先行者越过洼地，后行者只需要踩着他们的脚印就可以轻易过去；先行者跌倒陷落，后行者却可以趁机进行思索了；先行者失败，后行者就会改变自己的想法了。由此看出，先行者是后行者的箭靶，就好像戈矛的柄套和锋刃一样，锋刃经历磨难最终损坏了，但是柄套却没有变化，为什么这样呢？因为它处在后面的位置。这是普通人都能看出来的，也是贤者智者不能回避的。所谓"后者"，并不是等于停滞不动，凝固而不流动，而是重视事物的内在规律，去应对事物的变化。

【原文】

夫执道理以耦①变，先亦制后，后亦制先。是何则？不失其所以制人，人不能制也。时之反侧②，间不容息，先之则太过，后之则不逮③。夫日回而月周，时不与人游，故圣人不贵尺之璧，而重寸之阴，时难得而易失也。禹之趋时也，履遗而弗取，冠挂而弗顾，非争其先也，而争其得时也。是故圣人守清道而抱雌④节，因循应变，常后而不先。柔弱以静，舒安以定，攻大礛坚，莫能与之争。

【注释】

①耦：合。

②反侧：原意指翻身，在这里引申为一瞬间。

③不逮：赶不上。

④雌：柔弱。

【译文】

掌握了道的内在道理来应付外界的变化，先行者可以制驭后继者，后继者也可以制驭先行者。这是为什么呢？因为这样的人掌握着驾驭人的东西，别人也就无法驾驭他。时间的运转变化，其速度是非常快的，连喘息的机会也没有，在它前面行动就容易超过，在它后面行动又会赶不上。日月回旋周行，光阴易逝，时间从来不会迁就任何一个人。所以圣人不认为一尺的玉璧有多么贵重，他们重视的却是一寸的光阴，这是因为时光只要流逝了就不会再得到。禹为了赶时间，鞋子掉了也不管它，帽子挂在树枝上连头也不回，他这样做并不是争着走到前面，而是争取时间。所以圣人恪守清静、谦和之道，怀抱柔弱之节，遵循道，顺应万物的变化，常常在后面并不往前头赶。为人柔弱而沉静，安舒而平定，然后能攻克大的难关，没有人能够和他们抗争。

【原文】

天下之物，莫柔弱于水。然而大不可极，深不可测；脩极于无穷，远沦于无涯；息耗减益，通于不訾[1]；上天则为雨露，下地则为润泽；万物弗得不生，百事不得不成；大包群生而无好憎[2]；泽及蚑蛲[3]，而不求报；富赡天下而不既[4]，德施百姓而不费；行而不可得穷极也，微而不可得把握也；击之无创[5]，刺之不伤，斩之不断，焚之不然；淖溺流遁，错缪[6]相纷而不可靡散；利贯金石，强济天下；动溶[7]无形之域，而翱翔忽区[8]之上；邅回[9]川谷之间，而滔腾[10]大荒之野；有余不足与天地取与；授万物而无所前后，是故无所私而无所公；靡滥[11]振荡，与天地鸿洞[12]；无所左而无所右，蟠委错纱，与万物始终。是谓至德。

【注释】

①訾：通“赀”，计量。

②好憎：喜爱偏好。

③泽：恩泽。蚑蛲：小虫。

④ 赡：满足。既：穷尽。

⑤ 创：创伤。

⑥ 错缪：错乱。

⑦ 动溶：摇动。

⑧ 忽区：即恍惚，无形的样子。

⑨ 邅（zhān）回：徘徊。

⑩ 滔腾：激荡翻腾。

⑪ 靡滥：泛滥。靡：散漫。

⑫ 鸿洞：弥漫无边际，这里是混合为一，没有分别的意思。

【译文】

天下万物中，最柔弱的就要算是水了。但是它大到不可以穷尽，深到无法去测量；长得没有尽头，最远的距离沉没在无边无涯之中；水的兴盛、衰落、增加、减少的程度都是无法计量的；它蒸发到天上于是变成了雨露，降落到大地上就变成了水泽；万物离开它就不能生长，百事没它就干不成；它广博地包容了世上万物，却没有任何私心和好恶；恩泽施加于微小之虫，却从来不要求报答；它使天下变得富足，可是自己却没有枯竭，德泽遍施百姓而自己却无所耗费；水在不停地流动没有终点，微小到无法握住它；打它没有任何痕迹，刺它却没有创伤，砍它不断，烧它点不着；它消融流逸、错杂相纠，不可消失；它锋利到可以穿透金石，刚强到可以穿越于天地；它运动在无形的领域，翱翔在捉摸不定的境界；流连在山川、峡谷之间，在广袤无垠的荒野上翻腾、流淌；取有余补不足，为天地尽其责；恩泽施于万物，并不分前后，因此没有私爱，也就不存在什么公心；水势浩浩荡荡，泛滥震荡于天地之间，和天地融为一体；它无所谓左，也无所谓右，河流纵横交错，和万物一起始终。这就是最高之德。

【原文】

夫水所以能成其至德于天下者，以其淖溺[①]润滑也。故老聃之言曰："天下至柔，驰骋[②]天下之至坚，出于无有，入于无间，吾是以知无为之有益。"夫无形者物之大祖也，无音者声之大宗[3]也。其子为光，其孙[4]为水，皆生于无形乎！夫光可见而不可握，水可循[5]而不可毁，故有像之类莫尊于[6]水。出生入死，自无蹠有，自有蹠无，而以衰贱矣。

【注释】

① 淖溺：这里是柔软的意思。

② 驰骋：原意是横冲直撞，这里取控制、战胜意。

③ 大：太。宗：根源。道家认为“无形生有形，故为物之大祖也。无声生有声，故为声之大宗”。

④ 子、孙：这里只是用来比喻关系远近。

⑤ 循：通“据”，抚摸。

⑥ 有像：有形。尊：尊贵。于：比。

【译文】

水之所以能成为天下的最高之德，主要在于它能够做到消融润滑。因此老子说：“天下最柔弱的东西，可以做到驰骋于天下最坚强的东西之中，出现于无形之中，进入到没有空隙的地方。我因此知道无为是很有好处的。”无形是万物的始祖，没有声音是声音的最老的祖宗。无形之子是光，它的孙子是水，它们都是起于无形吧！光可以见但是却捉不到，水可以抚摸却无法去毁灭，所以凡属于有一定形体的东西，只有水是最为尊贵的。至于那些有出生也有死亡，从无变为有，又从有变为无的事物，就属于衰贱的了。

【原文】

是故清静者德之至也，而柔弱者道之要也；虚而恬愉者，万物之用也。肃然应感，殷然[1]反本，则沦于无形矣。所谓无形者，一之谓也。所谓一者，无匹合于天下者也。卓然[2]独立，块然[3]独处；上通九天，下贯九野；员不中[4]规，方不中矩；大浑而为一，叶累[5]而无根，怀囊天地，为道关门[6]；穆忞隐闵[7]，纯德独存；布施而不既，用之而不勤。是故视之不见其形，听之不闻其声，循之不得其身。无形而有形生焉，无声而五音鸣焉，无味而五味形焉，无色而五色成焉。是故有生于无，实出于虚。天下为之圈，则名实同居[⑧]。音之数不过五，而五音之变不可胜听也；味之和不过五，而五味之化不可胜尝也；色之数不过五，而五色之变不可胜观也。故音者，宫立而五音形矣；味者，甘立而五味亭[⑨]矣；色者，白立而五色成矣；道者，一立而万物生矣。是故一之理，施四海；一之解[⑩]，际天地。其全也，纯兮若朴；其散也，混兮若浊。浊而徐清，冲而徐盈；澹[⑪]兮其若深渊，泛兮其若浮云；若无而有，若亡而存。万物之总，皆阅[⑫]一孔；百事之根，皆出一门。其动无形，变化若神；其行无迹，常后而先。

【注释】

①般然：严正坚决的样子。

②卓然：特异不凡的样子。

③块然：孤独的样子。

④员：同“圆”。中：符合。

⑤叶累：积累。

⑥关门：关键、要害。

⑦穆忞隐闵：都是用来说无形的。

⑧同居：即相符合。

⑨亭：定、确定。

⑩解：解说。

⑪澹：平静。

⑫阅：经历、经由。

【译文】

因此，清静是德的最高境界，而柔弱是道的精华所在，虚无恬淡愉悦，正是万物之所用。外界有所感而且能够迅速做出反应，回到本原而且又十分恰当，那么就又沦入到无形的境界之中了。所谓无形，就是常说的一。所谓一，天下没有和它相匹配的。它突兀地立于天地之间，傲岸地独自居处；上可以和九天相接，下可以九野连为一体；说它是圆的，其圆度不合圆规，说它是方的，其方度又不合矩尺；它巨大浑朴，合为一体，聚集却看不到根基，怀抱囊括天地，把守道的门户；它没有踪影，只有纯德得以保存；普遍施与万物但是却不会穷尽，对万物发生作用但是却不感到劳顿。所以，它的形体是看不见的，它的声音是听不到的，它的身躯更是抚摸不到的。无形才产生了有形，无声才产生了各种音调，无味才产生了丰富的滋味，无色才形成各种缤纷的颜色。所以有从无中产生，实从虚中产生。如果把天下画做一个圈，那么名实就统一在一起了。音调的数量最多不超过五个，而五音相互协调所产生的声音却听也听不完；用以调味的味道不过五样，但是五味所调出来的滋味却丰富得尝也尝不完；颜色的数目最多也只有五样，但是五色相互协调所调出来的颜色却看也看不完。因此，在声调中，只要宫音确立，五音便形成了；就味道来说，只要甘味确立，五味就因此固定了；就颜色而言，只要白色确立，五色就具备了；在道之中，只要一确立，万物就自然形成了。所以说一的道理，可以遍及四海；要是一分解的话，可以接天抵地。从它的整体状态来看，纯粹质朴得就好像璞玉一样；它分散开来时，浑然不清的状态显得浑浊。浑浊慢慢澄清，空虚慢慢充盈；恬静安适就像深渊一样，飘荡不定就好像天上的浮云一样；若无而实有，若亡而实存。万物的总和，都有一个焦点；百事的根源，都出自同一个门径之中。它的运动没有具体的形体，它的变化就像神灵一样奇妙。它的行动看不到任何痕迹，常常在后面有时又出现在前面。

【原文】

是故至人之治也，掩其聪明，灭其文章[①]，依道废智，与民同出于公。去其诱慕，除其嗜欲，损[②]其思虑。约其所守则察，寡其所求则得。夫任耳目以听视者，劳形而不明；以知虑为治者，苦心而无功。是故圣人一度循轨，不变其宜，不易其常，放[③]准修绳，曲因[④]其当。

【注释】

① 文章：原意指色彩花纹，这里指礼法制度。

② 损：去掉、减少。

③ 放：仿效、依从。

④ 曲因：千方百计地顺从。

【译文】

所以具有最高道德的人是这样治理天下的，他们掩闭起耳目，除掉他们的礼法制度，按照道的规律，废弃自己的智慧，与百姓一起出于公正之心。他们打消事物对自己的诱惑，降低自己的嗜欲，收起自己的思虑。只要职守得到精简，那么他就会明察，只要需求减少，就易于得到满足。依靠耳朵来听，依靠眼睛来看，那么，形体因为受到劳顿也不能做到明察；依靠智慧和思虑来治理的，即使身心受到劳苦，也没有任何成效。所以圣人统一法度标准，遵循一定的法则，不变动那些适宜的办法，不改变常规，依据一定的准绳，并能够做到有所变通，采取适当的途径。

【原文】

夫喜怒者，道之邪也；忧悲[1]者，德之失也；好憎者，心之过也；嗜欲[2]者，性之累也。人大怒破阴，大喜坠阳，薄[3]气发喑[4]，惊怖为狂，忧悲多恚[5]，病乃成积，好憎繁多，祸乃相随。故心不忧乐，德之至也；通而不变，静之至也；嗜欲不载，虚之至也；无所好憎，平之至也；不与物散，粹之至也。能此五者，则通于神明。通于神明者，得其内者也。是故以中制外，百事不废；中能得之，则外能牧[6]之。中之得则五藏[7]宁，思虑平，筋力劲强，耳目聪明，疏达而不悖，坚强而不鞼[8]，无所大过，而无所不逮[9]，处小而不逼，处大而不窕[10]，其魂不躁，其神不娆[11]，湫漻寂漠[12]，为天下枭[13]。迫则能应，感则能动；物穆[14]无穷，变无形像；优游委纵[15]，如响之与景；登高临下，无失所秉；履危行险，无忘玄伏。能存之此，其德不亏。万物纷糅，与之转化。以听天下，若背风而驰。是谓至德。至德则乐矣。

【注释】

① 忧悲：俞樾认为应该是“忧乐”。

② 嗜欲：主要指情欲。

③ 薄：迫近、接近。

④ 喑：哑。

⑤ 恚：愤怒不平。

⑥ 牧：养。

⑦ 藏：内脏。

⑧ 𨫼（guì）：折。

⑨ 逮：达到。

⑩ 窕（tiǎo）：空隙、空旷，这里用来形容道和得道的人精神的浩大。

⑪ 娆：烦恼。

⑫ 湫（jiū）漻寂漠：都是清静的意思。

⑬ 枭：首领，智勇杰出的人物。

⑭ 物穆：深邃的样子。

⑮ 优游：悠然自得。委纵：委屈柔顺。

【译文】

喜怒是对道的偏离；悲痛的感受也是对德的丧失；偏爱和憎恶是对心的损害；嗜好和欲望是对本性的牵累。人大怒会破坏阴气，人大喜就会损伤阳气，两气相互逼迫会让人说不出话来，惊恐会使人发狂，忧虑悲愤会使内心充满怨恨，疾病也就会产生了，爱好和憎恶要是积聚太多，灾祸也就会到来了。所以说心里不忧不乐，是德的极致；通达能保持不变，是静的极致；内心没有欲望，是虚的最高表现；没有爱好和憎恶的区别，是平的最高表现；心不与物纷乱纠缠，是纯粹的最高表现。能够做到这五点，就会和神明相通。和神明相通的人，就会把握住本性了。因此用内心去控制外部，什么事情都能取得成效；心性修养成功，对外物就能有所收容。心性得到修养，五脏就安宁，就不会有杂念，筋骨强健，耳聪目明，通达却不会谬乱，坚强不会被折断，没有太过分的地方，也就无所谓不及，处在小地方却不觉得挤迫，处于大地方也不会感到空疏，他的内心能够不骄不躁，他的精神不会受到烦扰，保持清静恬淡，这才成为天下豪杰。大道平平坦坦，离开自身不远，转个身就能找到。有所逼迫就能迅速做出反应，受到影响就能做出行动；深微无穷，变幻无形；能够做到悠然自得，就像回声和声音，影子和形体一样得到响应；不管是登高还是临下，不丧失自己所掌握的东西；不管是履危还是行险，不忘记所掌握的道。内心能够做到这些，他的德就不会亏缺。万物纷纭错杂，和它一起运转变化。以此来治理天下，就像乘着风奔驰一样。这就是最高的德。具有最高的德，也就意味着得到了快乐。

【原文】

古之人有居岩穴而神不遗[①]者，末世有势为万乘而日忧悲者。由此观之，圣亡乎治人而在于得道，乐亡乎富贵而在于德[②]和。知大己而小天下，则几于道矣。所谓乐者，岂必处京台、章华[③]，游云梦、沙丘[④]，耳听《九韶》《六莹》[⑤]，口味煎熬芬芳，驰骋夷道，钓射鹔鷞之谓乐乎？吾所谓乐者，人得其得者。夫得其得者，不以奢为乐，不以廉为悲，与阴俱闭，与阳俱开。故子夏心战而臞，得道而肥。圣人不以身役物[⑥]，不以欲滑和，是故其为曜不忻忻，其为悲不惙惙[⑦]。万方百变，消摇[⑧]而无所定，吾独忼慨[⑨]遗物，而与道同出。是故有以自得，乔木之下，空穴之中，足以适情；无以自得也，虽以天下为家，万民为臣妾，不足以养生也。能至于无乐者，则无不乐；无不乐，则至极乐矣。

【注释】

①神不遗：指人的精神矍铄。

②亡：通“无”。德：通“得”，得到。

③京台、章华：楚国的两大台观。

④云梦：楚地的云梦泽。沙丘：纣王的台名。

⑤《九韶》：舜时候的乐曲名。《六莹》：颛顼时候的乐曲名。

⑥ 役物：受制于物。

⑦ 惙惙：忧愁，心神不定的样子。

⑧ 消摇：同“逍遥”，自由自在的样子。

⑨ 忼慨：心胸开阔。

【译文】

古时有人居住在山崖洞穴之中，但是精神饱满，后世有人身为君王却整天在忧伤中度过。由此看来，圣不在于治人，而在于是否得道；快乐不在于是否富贵，而在于是否平和。懂得了这些，就会看重自己，不把天下放在心上，就可以说是接近于道了。所谓快乐，难道一定要处在京台、章华这些华丽的建筑，游览云梦、沙丘这些游乐之所，耳朵里听着《九韶》《六莹》这样的妙音，嘴里品味着烹调的美味，在平坦大道上驰骋，猎取鸬鹚如此名贵的飞禽才是真正的快乐吗？我所说的快乐，只不过是每个人得到自己想要的东西罢了。能得到自己想得到的东西，也就不会认为奢侈，一定是快乐的，不认为省俭是可悲的，同阴气一起闭藏，同阳气一起开放。所以子夏内心波动（既喜欢先王之道，又羡慕富贵荣华），就瘦了，等到他得到了道，就又胖起来了。圣人不让外物来驾驭自己的身体，不让欲望使他们的心灵受到侵扰，因此他们欢乐时不会过分表现出来，悲哀时也不会过分忧伤。万种事物千般变化，动荡不定，我独坦荡，抛弃外物，和道一路前行。所以能够自得其天性，即使在大树之下，在空穴之中，也足以调适自己的情趣；不能自得其乐，感受到天性，即使拥有整个天下的财富，把万民作为臣妾，那么也不足以保养心性。能够成为没有世俗乐趣的人，那么没有什么不是快乐的；没有什么不是快乐的，那么他就得到最大的快乐了。

【原文】

夫建钟鼓，列管弦，席[①]旃茵，傅旄[②]象，耳听朝歌北鄙[③]靡靡之乐，齐[④]靡曼之色，陈酒行觞[⑤]，夜以继日，强弩干高鸟，走犬逐狡兔，此其为乐也，炎炎赫赫[⑥]，怵然[⑦]若有所诱慕。解车休马，罢酒彻[⑧]乐，而心忽然若有所丧，怅然若有所亡也。是何则[9]？不以内乐外，而以外乐内。乐作而喜，曲终而悲；悲喜转而相生，精神乱营[10]，不得须臾平。察其所以，不得其形，而日以伤生，失其得者也。是故内不得于中，禀授于外而以自饰也。不浸于肌肤，不浃[11]于骨髓，不留于心志，不滞于五藏。故从外入者，无主于中不止；从中出者，无应于外不行。故听善言便计，虽愚者知说之；称至德高行，虽不肖者[12]知慕之。说之者众而用之者鲜，慕之者多而行之者寡。所以然者，何也？不能反诸性也。夫内不开于中而强学问者，不入于耳而不著[13]于心。此何以异于聋者之歌也？效人为之而无以自乐也，声出于口则越而散矣。夫心者，五藏之主也，所以制使四支[14]，流行血气，驰骋于是非之境，而出入于百事之门户者也。是故不得于心而有经天下之气，是犹无耳而欲调钟鼓，无目而欲喜文章也，亦必不胜其任矣。

【注释】

①席：以之为席，这里名词用作动词。

②傅：使用。旄：用旄牛尾巴装饰成的旗子。

③朝歌：商纣王时期的都城。北鄙：郊外。

④齐：摆放、陈列。

⑤觞：古代的饮酒器具。

⑥炎炎赫赫：气势旺盛的样子。

⑦怵然：被诱惑的样子。

⑧彻：通“撤”，撤掉。

⑨则：即“者”。

⑩营：惑乱。

⑪浃：被液体浸泡。

⑫不肖者：德行不高的人。

⑬著：落到。

⑭四支：即四肢。

【译文】

设置钟鼓，摆列管弦等乐器，铺上毡毛毯子，用旄尾、象牙来装饰，耳朵听着朝歌郊外的乐曲，面前排列着妖艳的歌女，桌上陈设着美酒，劝酒行令，夜以继日，或者带着强劲的弓弩去射高空的飞鸟，带着猎狗去追捕狡猾的野兔，这种快乐，真是十分盛大，很有诱惑力。可是等到卸下了车，让马休息，撤下酒席，停止音乐，心里突然若有所失，怅然之情若有所亡。原因是什么呢？因为它不是靠内心的快乐引起外物的感应，而是依靠外在的刺激来娱乐内心。奏起音乐能够使内心感到快乐，音乐结束就感到悲哀；悲喜这两种感情相互转化，精神就会紊乱，不能得到片刻宁静。推究它的原因，是没有得到快乐的根本，而一天天地损害了身体，失去了本来应该保持的东西。内心没有什么可以守候的，就只能通过外部的影响来自我粉饰了。外部的粉饰，不会浸润到肌肤，更不会融入骨髓，不会在内心中有所停留，不会在内心发生任何作用。所以从外面进入的东西，如果不能在内心发生作用，就不会留下痕迹；从内心出去的东西，如果外面没有响应者，也就不会得到实现。所以听到精妙的言论和良好的计策，即使是愚蠢的人也会觉得高兴；谈到高尚的品德和美好的行为，即使再没有德行的人也会懂得羡慕。但是喜欢的人多，按照主张去行动的人少；羡慕的人多，真正去干的人少。为什么这样呢？这是不能回复本性的缘故。如果内心不去开启心窍，而勉强地去求取知识，并不能听进去，更不会记在心上。这同聋子唱歌有什么区别呢？只是模仿别人唱歌而已，更不会从中得到快乐，声音从嘴里发出，一会儿就消失了。心是五脏的主宰，它制约、指挥着四肢，使血气流通，在人间这块是非之地发挥着作用，出入于百事门户之中。所以，如果心里没有得到道，却有治理天下万物的豪情壮志，这就像没有听力的人想调和钟鼓之音，看不见东西的人想喜欢斑斓的色彩一样，一定是无法做到的。

【原文】

今夫狂者之不能避水火之难，而越沟渎之崄者，岂无形神气志哉？然而用之异也。失其所守之位，而离其外内之舍[①]，是故举错[②]不能当，动静[③]不能中，终身运枯形[④]于连嵝列埒之门，而蹪蹈于污[⑤]壑陷阱之中。虽生俱与人钧[⑥]，然而不免为人戮[⑦]笑者，何也？形神相失也。故以神为主者，形从而利；以形为制者，神从而害。贪饕[⑧]多欲之人，漠睧[⑨]于势利，诱慕于[⑩]名位，冀以过人之智，植于高世，则精神日以耗而弥远，久淫而不还，形闭中距[⑪]，则神无由入矣。是以天下时有盲妄自失之患。此膏烛之类也，火逾[⑫]然而消逾亟。夫精神气志者，静而日充者以壮；躁而日耗者以老。是故圣人将养其神，和弱其气，平夷其形，而与道沉浮俯仰[⑬]，恬然则纵之，迫则用之。其纵之也若委[⑭]衣，其用之也若发机。如是，则万物之化无不遇，而百事之变无不应。

【注释】

① 外内之舍：这里指形体、身体。
② 错：通“措”，措施。
③ 动静：举动。
④ 运：行。枯形：失神的形体。
⑤ 污：深。
⑥ 钧：同“均”，相同。
⑦ 戮：侮辱。
⑧ 贪饕（tāo）：贪吃、贪婪。
⑨ 漠睧：迷惑。
⑩ 于：被。
⑪ 中：中心。距：通“拒”，拒绝。
⑫ 逾：通“愈”，更加。
⑬ 沉浮：盛衰。俯仰：升降。
⑭ 委：放弃。

【译文】

现在那些变得癫狂的人，他们不懂得避开水火这样的灾难，敢于跳过深沟这样危险的地方，难道是他们没有形、神、气、吗？其实只不过是他们的神、气的运用和常人不同罢了。他们的神、气失去了它们本来应该所在的位置，而且偏离了人内心和形体上的居处，因此举止措施就做不到恰当，动静不合常理，使枯朽的形体一辈子都兜转在绵延的山峰沟壑之间，跌倒在洼坑陷阱之中。虽然生下来与正常人是一样的，最终却要受到世人的指责耻笑，这是为什么呢？是因为形体和神志分离了。所以那些由精神做主宰，形体相随从的人就会顺利；由形体来制约精神，精神顺从形体的人就受到危害。贪得无厌的人，为权力和利益所迷惑，为名利地位所引诱，希望凭着超人的智慧，获得好的名声，这就使得精神被虚耗掉，而且偏离的位置越来越远，长久地受到迷惑，不能回归人的本性，形体闭塞而内心拒绝，精神就进不去了。所以天下常有盲目狂妄、丧失自我的病症。就好比油灯一样，火越旺油就消耗得越快。精神和元气，每天都得到充实的人，就会强健；内心烦躁而一天天消耗的人，就会走向衰老。所以圣人善于调养他的精神，柔和他的元气，平静他的形体，和道一起运转变化，恬静的时候知道适当放松，急迫的时候知道做出响应。他放纵的时候就好比下垂的衣服一样安静，他使用的时候就像发动弩机一样迅猛。如能这样，万物的变化就一定能相合，百事的变迁也一定能适应。

【评析】

《原道训》是《淮南子》的首篇，探讨了“道”的基本特性、作用及其发展变化的一般规律等，提出了“循道”“无为”“持后”“贵柔”“守静”“重生”“养性”等一系列观点，可以说是全书的总纲。

“原”，即推究之意。“道”，是《淮南子》一书最根本，也是最高的一个概念，但其基本含义，实际上就是指治国所必须遵循的规律，《泛论训》中有一明确的定义：“故圣人所由曰道，所为曰事。道犹金石，一调不更；事犹琴瑟，每终改调。故法制礼义者，治人之具也，而非所以为治也。”另外，“道”也指宇宙万物（包括自然与社会）运动、发展的最普遍、最根本的规律性。“道”作为中国哲学中的一个基本概念，在古代文献中随处可见，但不同时代其含义是不同的，应当区别对待，不能用魏晋南北朝的、更不能用宋明的“道”来理解先秦的“道”。周秦诸子所谓“道术”即帝王之术，这一点张舜徽先生的《周秦道论发微》一书已做了透彻的论证，可以参看。

本文开篇，即对“道”的特性做了规定，作者认为，“道”在空间上，无处不在，弥漫于整个宇宙；在时间上，无穷无尽，“无所朝夕”；在形态上，看不见，摸不着，但能伸能缩，能柔能刚；其作用是巨大的，它无所不能，不以人的意志为转移，无时无刻不在作用于万物，万物都由它而产生；只有依道而行，顺应自然，才能万物群生，草木润泽，社会安定，人民幸福，也就不会有各种灾异现象。

如果说“道”是体，那么“无为”则是用。治理国家，应顺应“道”的特性，“无为”而治，尊重民意，因势利导，抛却严刑峻法，这样就会长治久安。共工氏因与高辛氏争天下，落得“宗族残灭，继嗣绝祀”；舜口不设言、手不指挥，却使人民移风易俗，天下大治。这些都说明了“无为”的优越性。而所谓“无为”，是“不先物为”，顺应自然之势而已，而非无所事事。“无为”是《淮南子》中的重要概念，是对君主一人而言的，本文中所规定的内涵，贯穿于全书之中。

在褒扬形而上的“道”的同时，对形而下的“器”，作者则采取了贬低的态度。在作者看来，即使再好的“器”，也无法与自然之“道”相提并论，正如捕鸟打鱼一样，如果以天下为笼、以江海为网，那么，还有什么鱼和鸟儿可以逃掉呢？所以，天下之事，不可强为之，要顺其自然。对于无法穷尽的万物之变，要抓住其最根本的东西。这样，才能应对世界的千变万化。

对个人而言，保持天性、顺应自然，亦十分重要。人性本是恬静的，因受外物的影响，产生了爱憎、好恶等情感，而这些情感一旦形成，天性就会泯灭，无法返回本真。万物至众，只有保持天性，不与万物争先，才能立于不败之地，没有什么能与之相争。

在对待“强”与“弱”“先”与“后”等问题上，本文继承了老庄“贵弱”“持后”等观点，进一步阐明了“弱”胜“强”“后”优于“先”

的观点。文中以“水”喻“道”，对水的特性作了进一步的发挥，极力形容其以柔克刚、以弱胜强的一面，突出强调其“柔弱胜刚强”的论点。而对于“后”，作者也特意作了说明，认为所谓“后”是待有利时机而动，却非自甘落后，无所作为。

对于“快乐”的问题，文中也提出了自己的看法。快乐是什么，如何才算快乐？在作者看来，真正的快乐来自内心的充实，而非外界的物质享受。声色犬马这些外在的东西，给人的只是短暂的快感，身在其中时，或可得一时之乐，然而一旦停下来，便会怅然若失。要获得真正的快乐，就要内心恬静，不为外物所奴役，不以欲求乱心性，以不乐为至乐。要做到这一点，就需要向内用功，达到“自得”。所谓“自得”，就是保全自身天性的完美，能够保全自身天性的完美，与道融为一体。做到了这一点，就不会为外界的任何诱惑迷乱心性，也不会因所处条件的恶劣而怨恨，就会得到长久的快乐。

最后，作者还论述了生命构成元素——形、气、神——三者之间的关系，强调“以神为主”“存神养性”。作者认为，三者之间相互依存，各有各的职守，应审慎对待。在三者之中，“神”又是主要的，居于支配地位。如果没有了精神，形体也就如同虚设，举动失当，为人耻笑。精神只有保持安静并时时保养，才能日益充实，人也才能健康；反之，则日益损耗，身体也受到影响。养精神的目的，是为了保持天性，得到“道”，最终达到淡泊名利，适应万物变化的境界。

全文围绕着“道”，反复论述，铺排夸张，辞采华茂，不少段落排比整齐、音律和谐，极有汉赋的韵味。这一写作风格，在以下的各篇中，也时时有所体现。

俶真训

【原文】

有始[1]者，有未始有有始者，有未始有夫未始有有始者。

有有者[2]，有无者，有未始有有无者，有未始有夫未始有有无者。所谓有始者，繁愤[3]未发，萌兆牙蘖[4]，未有形埒[5]垠堮，无无[6]蠕蠕，将欲生兴[7]，而未成物类。有未始有有始者，天气[8]始下，地气始上，阴阳错合[9]，相与优游竞畅于宇宙之间，被[10]德含和，缤纷茏苁[11]，欲与物接而未成兆朕[12]。有未始有夫未始有有始者，天含和而未降，地怀气而未扬，虚无寂寞，萧条[13]霄雿，无有仿佛气遂，而大通[14]冥冥者也。

【注释】

① 有始：指万物萌动还未形成的时候。

② 有有者：前一个“有”是动词，后一个是指存在有形的万物。

③ 繁愤：繁多积聚的样子，这里是指气积聚其中没有发散的样子。

④ 兆：开始。牙：通“芽”。蘖（niè）：树枝被砍后，又长出的枝芽。

⑤ 形埒：明晰的形状。

⑥ 无无：迷蒙不清的样子。

⑦ 兴：生发。

⑧ 天气：指阳气。

⑨ 错合：交错融合。

⑩ 被：覆盖、承受。

⑪ 茏苁：聚会。

⑫ 兆朕：征兆、迹象。

⑬ 萧条：冷落的样子。

⑭ 大通：畅通。

【译文】

宇宙有开始的时候，也有未曾“开始”的时候，更有尚未有那“未曾开始”的时候。宇宙包含着“有”，也包含着“无”，也存在着未曾产生“有”“无”的东西，更包括尚未有那“未曾产生‘有’‘无’”的东西。所谓有开始的时候：是指产生生命的物质正在积聚达到盈满，不过还未迸发，就好比新芽萌发但是还没有长出具体的形态，蠢蠢蠕动，将要生成但是还没成为物类。所谓未曾“开始”的时候：是指天上的阳气开始下降，地上的阴气开始上升，阴阳二气出现交错纠结，互相侵入融合，最终在宇宙间飘逸游畅，接受着德泽的滋润并且蕴含着谐和之气，交织聚集，万物将要产生但还未有生命的征兆出现。所谓尚未有那“未曾开始”的时候：是指天蕴含的阳气还没出现下降，地所收藏的阴气也未上升，天地间虚无寂静，一片深幽，宇宙间混沌模糊，只有气生成并在幽冥昏暗中畅通。

【原文】

有有者，言万物掺①落，根茎枝叶，青葱苓茏②，藿蔰炫煌③，蠉飞蠕动，蚑行哙息④，可切⑤循把握而有数量。有无者，视之不见其形，听之不闻其声，扪之不可得也，望之不可极也，储与扈冶⑥，浩浩瀚瀚，不可隐⑦仪揆度而通光耀者。有未始有有无者，包裹天地，陶冶万物，大通混冥，深闳广大，不可为外，析毫剖芒，不可为内⑧，无环堵之宇⑨，而生有无之根。有未始有夫未始有有无者，天地未剖，阴阳未判，四时未分，万物未生，汪然⑩平静，寂然清澄，莫见其形。若光耀之间于无有⑪，退而自失也，曰：予能有无，而未能无无也。及其为无无，至妙何从及此哉！

【注释】

①掺：树木众多的样子。

②苓茏：茂盛。

③藿蔰（hù）：草木荣华。炫煌：鲜明、鲜亮的样子。

④哙息：用嘴呼吸的动物。哙：通“喙”。

⑤切：摸。

⑥扈冶：广大的样子。

⑦隐：凭靠。

⑧为外：这里是弄清外部极限的意思。为内：这里是弄清内部极限的意思。

⑨环堵之宇：四边土墙的界限。

⑩ 汪然：水停止不动。

⑪ 光耀、无有：《庄子》中假托的人名。

【译文】

宇宙中所谓的“有”：是指这时万物开始繁茂生长、错落杂乱，植物分出根茎枝叶，蓊蓊郁郁、色彩绚烂，动物和昆虫飞动、爬行，禽兽用脚奔跑，用嘴呼吸，这些都可以感触，可以真实把握住，而且可以计数。所谓存在着“无”：是指此时的宇宙空间，看不到它具体的形状，听不到它的声音，更摸不到它的形体，似乎没有尽头，广大无边，浩浩瀚瀚，难以用仪器测量，且其性质与光相通。所谓未曾产生“有”或“无”的东西：是指这时阴阳二气包孕了整个天地，而且开始化育万物，向上和混沌冥冥的宇宙是畅通的，深远厚重，不知道它的外部界限，深入细致，也弄不清楚它的内部极限，没有四面八方的界限，但却是有形物质和无形事物的根源。所谓尚未有那“未曾产生有无的东西”：是指这时天地还是混沌一片，阴阳未曾开化，四时不曾分明，没有万物，宇宙寂静，幽深而清澈，也没有一定的形状。就像光耀去问有无，过后感到怅然若失，神情惆怅地说：“我有‘无’的特点，而不能做到连‘无’都不存在。要是能做到连‘无’都不存在的境界，那才是最美妙的东西啊！”

【原文】

夫大块①载我以形，劳我②以生，逸我③以老，休我④以死。善我生者，乃所以善吾死也。夫藏舟于壑，藏山于泽，人谓之固矣。虽然，夜半有力者负而趋⑤，寐者不知，犹有所遁⑥。若藏天下于天下，则无所遁其形矣。

【注释】

① 大块：指大自然。

② 劳我：使我劳苦。

③ 逸我：使我安逸。

④ 休我：使我安息。

⑤ 趋：快走。

⑥ 遁：消亡。

【译文】

天地容纳了我，赋予了我一定的形体，而且用生让我一直劳碌，用老让我得到清闲，用死亡让我安息。羡慕我活着和羡慕我死去的内在原因是相同的。把船藏在沟壑里，把山藏在大泽中，人们觉得这样藏得很牢固隐蔽了。即便如此，半夜里还是会有大力士把它背跑了，睡着的人们不曾知道，这是因为他们觉得将小物藏于大处是安全的，但还是不免丢失。假如把天下万物都藏在天下这个地方，那么就无所谓丢失了。

【原文】

物岂可谓无大扬攉[①]乎？一范[②]人之形而犹喜。若人者，千变万化而未始有极也。弊而复新，其为乐也，可胜计邪？譬若梦为鸟而飞于天，梦为鱼而没于渊，方其梦也，不知其梦也，觉而后知其梦也。今将有大觉，然后知今此之为大梦也。始吾未生之时，焉知生之乐也？今吾未死，又焉知死之不乐也？昔公牛哀转病[③]也，七日化为虎，其兄掩[④]户而入觇之，则虎搏而杀之。是故文章成兽，爪牙移易，志与心变，神与形化。方其为虎也，不知其尝为人也；方其为人，不知其且为虎也。二者代谢[⑤]舛驰，各乐其成形，狡猾钝惛[⑥]，是非无端，孰知其所萌？

【注释】

① 扬攉：约略、大概。

② 范：模子，引申为效法。

③ 转病：借尸还魂。

④ 掩：打开。

⑤ 代谢：更替。

⑥ 狡猾：诡诈。钝惛（mǐn）：昏昧，不明事理。

【译文】

怎么可以说事物没有一个基本的轮廓呢？造化只是偶而生成人类，如同造化万物一样，人不必沾沾自喜。但是像天地造化人那样，所造化的东西成千上万，没有尽头，何止人这一种事物。东西只要坏了就会更新，它们的快乐，能算得过来吗？比如说你梦中变成鸟儿飞上了天，梦中变成鱼儿游进了深渊，当你还在梦中时不知道是在做梦，等到醒来才发觉是在做梦。如果有一天你能大彻大悟，你就会发觉所有的一切只不过是一场大梦。在我还没有出生时，哪里知道生的快乐呢？现在我还没死，怎么可以说死是不快乐的呢？以前公牛哀得了“转病”，七天后变成了老虎，他的哥哥打开门，前来看望他，谁知道这老虎居然将他咬死了。因此人一旦变成了兽类，人的手脚也就长出了尖爪，人的牙齿就成了利齿，心志、性情、神形都发生了变化。当公牛哀变为虎的时候，不知道他曾经还是人；当他还是人的时候，并不能预测他能变成虎。两个形体相互转换、背道而驰，各自对既成的形体还是很喜欢的，由此可见，狡猾和愚钝根本分不出谁对谁错，谁能弄明白它们是怎样产生的呢？

【原文】

夫水向①冬则凝而为冰，冰迎春则泮②而为水，冰故移易于前后，若周员而趋③，孰暇知其所苦乐乎？是故形伤于寒暑燥湿之虐④者，形苑而神壮⑤；神伤乎喜怒思虑之患者，神尽而形有余。故罢⑥马之死也，剥之若槁⑦；狡狗之死也，割之犹濡。是故伤死者其鬼娆⑧，时既⑨者其神漠，是皆不得形神俱没也。夫圣人用心杖⑩性，依神相扶，而得终始，是故其寐不梦，其觉不忧。

【注释】

① 向：面临。

② 泮（pān）：溶化。

③ 周员：循环往复。趋：归附。

④ 虐：祸害、灾害。

⑤ 苑：枯病。壮：壮健。

⑥ 罢：通“疲”，疲劳。

⑦ 槁：枯木。

⑧ 娆：烦扰。

⑨ 时既：指寿终正寝。

⑩ 杖：依靠。

【译文】

水到冬天就变成了冰，冰到春天又变成了水，水和冰的相互转化，好像是绕圈转，谁有闲工夫去弄明白它们的苦和乐呢？所以形体受到寒暑燥湿之类的侵害，身形就变得枯衰，可是精神却是健盛的；精神因遭受喜怒和思虑的折磨而受到伤害的人，虽然精神被耗尽但是形体还是健全的。因此，马若因为疲惫而死，剥去皮之后，它的形体就像枯木；健壮的狗死后，宰割后它的肉还有光泽。所以死于意外伤害的人，他的灵魂是不得安宁的；寿终正寝的人，他的精神宁静默然，这两种人皆不能达到形神一起消失的境地。而得道的圣人运用心思，依靠本性，凭借精神的辅助，能够尽享天年，所以他睡时不做梦，醒后也没有苦恼。

【原文】

古之人有处混冥之中[①]，神气不荡于外，万物恬漠以愉静，搀抢[②]衡杓之气，莫不弥靡[③]而不能为害。当此之时，万民倡狂[④]，不知东西；含哺而游，鼓腹而熙[⑤]；交被天和[⑥]，食于地德[⑦]；不以曲故是非相尤[⑧]；茫茫沈沈[⑨]，是谓大治。于是在上位者，左右而使之，毋淫[⑩]其性；镇抚而有之，毋迁其德。是故仁义不布，而万物蕃殖；赏罚不施，而天下宾服。其道可以大美兴，而难以算计举也。是故日计之不足，而岁计之有余。

【注释】

① 混冥之中：指上古之世。

② 搀抢：指彗星。

③ 靡：逃散。

④ 倡狂：自由放任。

⑤ 熙：玩乐。

⑥ 交：全部。天和：天然平和之气。

⑦ 地德：古代认为土地产百物，是人赖以生存的，所以土地有德于人。

⑧ 曲故：曲巧、巧诈。尤：指责。

⑨ 茫茫沈沈：盛大无边际的样子。

⑩ 淫：过分，没有节制。

【译文】

古时候有人处在混沌玄冥之中，精神意志不会飘散，对待万物能够保持恬漠安静，彗星及妖气虽然时常出现，但却没有给人带来灾害。这个时期，民众悠然自得、自由自在，没有东和西的分别；他们一边咀嚼着食物到处游荡，一边拍打着肚皮四处嬉戏；大家一起沐浴着苍天所赋的和气，承载着大地所赐的恩德；没有因为敲诈和是非引起怨恨；天下一派兴盛的景象，这就是所谓的"大治"。这时处高位的人开始支配民众，让他们劳作，但并不对他们恬静的本性进行干扰；对他们进行安抚，以占有他们，但不改变其天德。所以没有必要刻意去施仁义，万物自然就开始繁衍；没有必要采取赏罚措施，天下自然就归附。这种治理的"道术"，可以像称颂天地之美那样来加以颂扬，但是却不能具体计量。因此，按天来计算是不够的，可是按一年来计算却是有余的。

【原文】

夫鱼相忘于江湖，人相忘于道术。古之真人①，立于天地之本，中至②优游，抱德炀③和，而万物杂累④焉，孰肯解构⑤人间之事，以物烦⑥其性命乎？

【注释】

① 真人：存养本性得道的人。

② 中至：中和。

③ 抱：怀抱。炀（yáng）：烘烤，这里指熏陶。

④ 杂累：成熟。

⑤ 解构：掺和。

⑥ 烦：受辱。

【译文】

鱼类遨游在江湖之中就会忘掉世间的一切，人在道术上要是得到大道，也是会忘却一切的。古代的得道之人，立身于天地的根本，享受中和之气，悠然自得，持有圣德，达到和谐温暖的境界，看待万物就好像是胡乱飞舞的尘埃，谁肯去干预人间繁杂之事，让自己的本性和生命受到外界事物烦扰呢？

【原文】

夫道有经纪[①]条贯，得一之道，连千枝万叶。是故贵有以行令，贱有以忘卑，贫有以乐业，困有以处危。夫大寒至，霜雪降，然后知松柏之茂也；据难履危，利害陈[②]于前，然后知圣人之不失道也。是故能戴大员者履大方[③]，镜太清[④]者视大明，立太平者处大堂[⑤]，能游冥冥[⑥]者与日月同光。是故以道为竿，以德为纶[⑦]，礼乐为钩，仁义为饵，投之于江，浮之于海，万物纷纷，孰非其有？夫挟依于跂跃之术[⑧]，提挈[⑨]人间之际，撢掞挺挏[⑩]世之风俗，以摸苏牵连[⑪]物之微妙，犹得肆其志，充其欲。何况怀瑰玮[⑫]之道，忘肝胆，遗耳目，独浮游无方[⑬]之外，不与物相弊摋[⑭]，中徙倚无形之域，而和以天地者乎！

【注释】

① 经纪：纲常、法度。

② 陈：陈列。

③ 大员：指天。大方：指地。

④ 太清：指天空。

⑤ 太平：天下太平。大堂：名堂。

⑥ 冥冥：昏暗。
⑦ 纶：钓鱼的绳子。
⑧ 挟：怀抱。跂跃之术：不正之道。
⑨ 提挈：相持。
⑩ 撢：探。掞：锐利。挺挏：上下。
⑪ 摸苏：探索。牵连：互相关联。
⑫ 瑰玮：玉，引申为珍贵。
⑬ 浮游：漫游。无方：没有极限。
⑭ 弊摋：混杂。

【译文】

道是有一定条理秩序的，要是把握住这混一无形的道，就能将其贯通于繁杂的事物之中。所以只要得到了"道"，处于尊贵时，就有发号施令的权力；处于低贱时，有忘掉卑贱的办法；处于贫穷时，会有于本行之中得到乐趣的途径；处于困顿时，就有方法渡过危难。只要大寒一来，就会降霜下雪，这才能更显现出松柏的茂盛；处于危难的境地，面临危险，利害关系就会明晰地呈现在眼前，这才能知道圣人不弃"道"的本性。因此，只有头顶青天才能做到脚踏大地，能把天道这样最为清净的东西作为镜，才能明察秋毫，创太平世道才能处坐明堂之上；能与天道同游的人才会像日月一样光芒四射。所以把道作为钓竿，把德作为丝线，用礼乐作钓钩，把仁义作钓饵，投放到江中和浩瀚的大海之中，各种赶来吞食鱼饵的鱼虾，哪个不会乖乖受到牵制呢？依靠造作的手段，控制人际关系，助长社会风俗，企图探索事物之间相互牵连的奥妙之处，尚且可以放松心志，满足自己的欲望。更何况心怀珍贵之道，封闭内心的情感世界，不与芜杂的外界接触，独自徜徉于无限之外，不与具体事物相互牵连，其中又徘徊流连于没有一定的形体的区域，和天地自然相谐成趣的人呢！

【原文】

若然者，偃[①]其聪明，而抱其太素[②]，以利害为尘垢[③]，以死生为昼夜。是故目观玉辂[④]琬象之状，耳听《白雪》[⑤]

清角之声，不能以乱其神；登千仞之溪，临猿眩[6]之岸，不足以滑其和；譬若钟山之玉，炊以炉炭，三日三夜而色泽不变，则至德天地之精也。是故生不足以使之，利何足以动之？死不足以禁之，害何足以恐之？明于死生之分，达于利害之变，虽以天下之大易骭[7]之一毛，无所概[8]于志也。

【注释】

①偃：熄灭。

②太素：自然朴素。

③尘垢：尘埃，这里指微不足道。

④玉辂：带玉饰的帝王专用的车子。

⑤《白雪》：高雅的音乐。

⑥猿（yuán）眩：使猿猴头晕目眩。

⑦骭：小腿。

⑧概：古代用来刮平的器具，引申为刮平。

【译文】

这种人偃息自己的聪明才智，反过来坚持质朴的本性，把利益看成垃圾尘埃，把死和生看得像昼夜交替一样平淡。所以让他看着美玉、象牙这样的宝物，听着《白雪》这样的清雅音乐，也不会让自己恬静的精神受到任何惑乱；登上千仞之高的山崖，面对连猿猴都眩晕的峭壁，也不会让他们平和的心志受到任何的影响；就像把钟山出产的美玉放进火炉中进行炼造，即使烧三天三夜，玉的色泽都不改变，这是因为最高的道德是天地的精华。所以生的诱惑都不能指使他，利益怎么能让他心动呢？死的威胁也不足以禁锢他，危险怎么会恐吓到他？他是对生死之分大彻大悟了，明白了利害的转变，即使拿天下来交换他小腿上的一根毫毛，这样的诱惑也都不足以使他动心。

【原文】

夫贵贱之于身也，犹条风之时丽[1]也；毁誉之于己，犹蚊虻之一过也。夫秉皓白而不黑，行纯粹而不糅，处玄冥而不暗，休于天钧[2]而不伪；孟门[3]、终隆之山不能禁，唯体道能不败，湍濑[4]旋渊、吕梁之深不能留也，大行、石涧、飞狐、句望之险不能难也。是故身处江海之上，而神游魏阙[5]之下，非得一原，孰能至于此哉！

【注释】

①条风：春天的东北风。时丽：迅速经过。

②天钧：北极。

③孟门：险要的地方，在陕西宜川东北、山西吉县西。

④湍濑：急流。

⑤魏阙：王宫的门阙。

【译文】

尊贵和低贱对人而言，就好比从身边刮过的春风一样；毁誉对自己来说，就像被蚊虻叮了罢了。坚持皓白不受到玷污，奉行纯粹拒绝杂糅，身处玄冥保持清醒，顺从自然和谐变化不毁败；即使孟门、终隆如此的高山都阻挡不住，即使湍急的旋渊、吕梁这样的深水也不能阻滞，太行、石涧、飞狐、句望这样的险隘丝毫不成危难。所以真人虽然飘摇于江海上面，但精神却能在宫廷之中遨游，如果不是取得“道”这个本原，谁又能达到如此的境界！

【原文】

是故与至人[1]居，使家忘贫，使王公简[2]其贵富而乐卑贱，勇者衰[3]其气，贪者消其欲；坐而不教，立而不议，虚而往者实而归，故不言而能饮[4]人以和。

【注释】

①至人：道德修养达到最高境界的人。

②简：轻视。

③衰：衰竭。

④饮：给人喝。

【译文】

因此，与圣人交往，出身贫寒的人会忘掉自己的贫寒，王公贵族也会认为富贵不值得一提，反而认为卑贱是快乐的，刚勇的人会削减锐气，贪财的人会消除欲望；得道真人坐着不教诲、站着不议论，却能够让空虚而来的人，满载而归，不需要说话就可以使他人感受到精神的和谐。

【原文】

是故至道无为，一龙一蛇；盈缩卷舒，与时变化；外从其风，内守其性；耳目不耀，思虑不营[①]。其所居神者，臺简[②]以游太清，引楯[③]万物，群美萌生。是故事[④]其神者神去之，休[⑤]其神者神居之。道出一原，通九门[⑥]，散六衢[⑦]；设于无垓[⑧]坫之宇，寂寞以虚无。非有为于物也，物以有为于己也。是故举事而顺于道者，非道之所为也，道之所施也。

【注释】

①营：迷惑。

②简：大。

③引楯：拔、抽。

④事：治理。

⑤休：休止。

⑥九门：九天之门。

⑦六衢（qú）：四面八方。

⑧设：施与。垓：边际。

【译文】

所以最高之道是无所作为的，有时像龙，有时像蛇，盈缩卷舒，随着时势发生变化；外表变化适应环境，内在却坚持本性；耳目不受声色的诱惑，思想不受外物的干扰。他能把握持守自己的精神，掌握道的原则在虚无缥缈的太空中遨游，让万物得到发展，促使各种新事物出现。因此，过度使用精神的人，精神也会离他而去，使精神得到安闲的人，精神就伴随着他。“道”生于一个本原，通过九天之门，弥散到四面八方，充满各个领域，没有尽头；它淡漠、虚无，没有踪影，不对万物加以干扰，因而万物顺应自然能够有所作为。因此，办事一定要符合“道”的规律，并不是说“道”起了什么作用，而是“道”在无形中产生了影响。

【原文】

夫天之所覆，地之所载，六合所包，阴阳所呴①，雨露所濡，道德所扶，此皆生一父母而阅一和②也。是故槐榆与橘柚合而为兄弟，有苗③与三危通为一家。夫目视鸿鹄④之飞，耳听琴瑟之声，而心在雁门⑤之间。一身之中，神之分离剖判，六合之内，一举而千万里。是故自其异者视之，肝胆⑥胡越；自其同者视之，万物一圈也。百家异说，各有所出。若夫墨、扬、申、商之于治道，犹盖之无一橑⑦，而轮之无一辐，有之可以备数，无之未有害于用也。己自以为独擅之，不通之于天地之情也。

【注释】

①呴：开口出气。

②父母：此处指天地。阅：汇总。一和：和气。

③有苗：舜时的南方的国民。

④鸿鹄：天鹅。

⑤雁门：山名，在山西代县西北。因为是两山对峙，大雁经过其间才得名。

⑥肝胆：用来比喻距离近。

⑦橑：古代伞盖或车盖的骨架。

【译文】

天所覆盖的、地所承载的、四方上下所包容的、阴阳相合所孕育的、雨露所滋润的、道德所扶持的，都由天地这个共同的根源产生出来，最后归结到共通着的和谐之气中。所以槐与榆、橘与柚是可以结合在一起成为一家的，有苗族和三危族是可以相通变成一体的。眼睛看着天鹅飞过，耳听着琴瑟弹奏，可是思想却在雁门关一带。一个人身体中的精神可以四处飞散，一飞就有千万里远。因此就事物的差异来看，胆、肝虽然紧挨着，但是它们的距离竟有胡地和楚越那么遥远；如果看他们相同的地方，万物都生在同一个圈子那么亲近。战国时期诸子百家的学说各异，各自都有产生的理由，像墨翟、杨朱、申不害、商鞅等学说要是拿来治理国家，好比伞架上的一根骨子、车轮中的一根辐条那样，只不过凑个数，没有它也没有影响。如果认为天下缺少他的学说主张就不行，那也就太荒谬了。

【原文】

今夫冶工之铸器，金踊跃于炉中，必有波溢而播[①]弃者，其中地而凝滞，亦有以象于物者矣。其形虽有所小周哉，然未可以保[②]于周室之九鼎也，又况比于规形者乎？其与道相去亦远矣。

【注释】

①播：撤。

②保：通“宝”，宝贵。

【译文】

对于那些冶炼金属的工匠，他们在铸造器物时，金属在熔炉中翻滚沸腾，肯定会发生熔液溅出的事情，等到它们落到地上便会凝固，肯定会有凝成器物样子的。这些器物虽然有小的作用，可是和周王室的九鼎比起来却微不足道，又何况和那些有标准形状的器物相比呢？这些都与“道”的距离相差太远了。

【原文】

今夫万物之疏跃[①]枝举，百事之茎叶条桙，皆本于一根而条循[②]千万也。若此，则有所受之也，而非所授者：所受者，无授也，而无不受也。无不受也者，譬若周云之茏苁[③]，辽巢彭薄[④]而为雨，沈溺万物而不与为湿焉。

【注释】

①疏跃：散布开来。

②循：顺着。

③茏苁（lóng cōng）：聚合。

④辽巢彭薄：浓云密集的样子。

【译文】

万物像树枝一样舒展散布开，各种事情就像茎叶枝芽那样繁衍开来，这些其实出自一个根源，只不过是按照一定的规律生出千千万万的变化。如此说来，蓬勃的万物是有所接受后才发展开来的，但其实并没有人给过它什么：万物所承受到的，也不是有人刻意给的，可是没有什么物类是不接受什么的。所谓没有什么物类是不被授予的，用一个比喻来说，就像浓云密布，最终蕴蓄成大雨，飘洒于大地，淹没万物，而云本身却没有被沾湿。

【原文】

今夫善射者，有仪表[①]之度，如工匠有规矩之数，此皆所得以至于妙。然而奚仲不能为逢蒙[②]，造父[③]不能伯乐者，是皆谕于一曲[④]而不通于万方之际也。

【注释】

①仪表：指法则、标准。

②奚仲：古代车子的发明者。逢蒙：古代擅长射箭的人。

③造父：周穆王时擅长驾驭的人。

④谕：了解、知道。一曲：片面。

【译文】

善于射箭的人有一定的标准作为尺度，就像工匠有规矩来限制一样，他们都是借助一定的尺度标准最终达到了技艺神妙的境界。可是善于造车的奚仲却不会像逢蒙那样善射，善御的造父也不能做到像伯乐那样会相马，这就说明他们只懂得一个方面并不能做到各方面兼通。

【原文】

今以涅[①]染缁，则黑于涅；以蓝[②]染青，则青于蓝。涅非缁也，青非蓝也，兹[③]虽遇其母，而无能复化已。是何则？以谕其转而益薄也。何况夫未始有涅蓝造化之者乎？其为化也，虽镂金石、书竹帛，何足以举其数！

【注释】

① 涅：涅石，古代用作黑色染料。
② 蓝：蓼蓝，草本植物，叶子可以提取作蓝色染料。
③ 兹：这种。

【译文】

现在把涅石做成黑色染料，做成的黑色染料黑的程度比原涅石更深；把蓼蓝制成靛青色的染料，靛青的青的程度比蓼蓝更重。涅石不等于黑色染料，靛青也不等同于蓼蓝，它们虽然超过了自己的母体，但是却不能再变回去。这是什么原因呢？因为经过制作加工，它们的本性越来越淡薄，更何况那些不曾有过涅石、蓼蓝发生造化功效的事物呢？它们这些变化，即使用金石刻镂、竹帛书写，也是不能写清楚的。

【原文】

由此观之，物莫不生于有也，小大优游[①]矣。夫秋豪之末，沦于无间[②]，而复归于大矣；芦符[③]之厚，通于无整而复反于敦庞。若夫无秋豪之微，芦符之厚，四达无境，通于无圻，而莫之要御夭遏[④]者；其袭[⑤]微重妙，挺挏[⑥]万物，揣丸[⑦]变化，天地之间，何足以论之！夫疾风教木，而不能拔毛发；云台[⑧]之高，堕者析脊碎脑，而蚊虻[⑨]适足以翱翔。夫与跂蛲同乘天机[⑩]，天受形于一圈；飞轻微细者犹足以脱其命，又况未有类也？由此观之，无形而生有形，亦明矣。

【注释】

①优游：富饶繁多的样子。

②间：空隙。

③芦：芦苇。符：芦苇中的薄膜。

④夭遏：夭折、夭亡。

⑤袭：重复。

⑥挺：引拔。

⑦揣丸：和谐。

⑧云台：非常高的台子。

⑨蚊虻（méng）：蚊蝇之类的东西，这里用来比喻微小。

⑩乘：凭借。天机：造化的奥妙。

【译文】

由此来看，事物没有一个不是从已有的母体中产生出来的，这样的事物是非常多的。秋天兽类新长出来的毫毛的末端，虽然细小得可以插进没有空隙的东西里，可是和无形的“道”相比，实在是太大了；芦苇管的一层膜，虽然可以轻得飞到天上去，但与无形的“道”相比，实在过于厚了。所以比秋毫之末微小，比芦苇茎膜的轻薄的“道”能够做到畅通于四面八方，没有什么能够阻止它，更不会有东西伤害到它；它能产生精微奇妙的现象，使万物得到生长，并且支配着万物变化。天地之间还有什么能和它相比呢！迅猛的风可以将大树刮倒，但是却不能将人的毛发拔起；人要是从高耸入云的高台上摔下来，会使脊骨折断，脑壳迸裂，可是蚊虻却能在那里飞翔。这些微小的虫子同样承载着造化的作用，在同一个宇宙内获得了形体；微小的虫子尚可以凭借造化所赋予的形体解脱性命，更何况还没有形成形体的东西呢？由此看来，无形的东西产生了有形的东西，这是再明白不过的了。

【原文】

是故圣人托其神于灵府①，而归于万物之初。视于冥冥，听于无声，冥冥之中，独见晓②焉，寂漠之中，独有照焉。其用之也以不用，其不用也而后能用之；其知也乃不知，其不知也而后能知之也。夫天不定，日月无所载③；地不定，草木无所植④；所立于身者不宁，是非无所形⑤。是故有真人然后有真知，其所持者不明，庸讵⑥知吾所谓知之非不知欤？

【注释】

①灵府：指人的内心。

②晓：光明。

③载：运行。

④植：树立。

⑤形：见。

⑥庸讵：岂能。

【译文】

所以，圣人把精神寄托于内心，使它回复到万物刚刚产生时候的状态。这种境界，看上去非常邈远昏暗，听上去没有声音；但就是在这幽冥昏暗中却能看到光明，在寂静虚无中能辨听声音。他的“用”在于“不用”，而正因为“不用”然后才可以“用”；他的“知”在于“不知”，也正因为“不知”才能做到“知”。要是上天都没形成，那么日月就没有可以作为依托的；地要是不固定，那么草木就没有生根的凭借；人要是安身立命的精神不安定，那么就没有是非标准。因此有了“真人”随后才有“真知”，要是连你所持守的东西都不明确，那么怎么可以说自己所认为的“知”不是“不知”呢？

【原文】

今夫积惠重厚，累爱袭恩，以声华呕符妪掩①万民百姓，使知䜣䜣之然②人乐其性者，仁也；举大功，立显名，体君臣，正上下，明亲疏，等贵贱，存危国，继绝世，决挐[③]治烦，兴毁宗，立无后者，义也；闭九窍[④]，藏心志，弃聪明，反无识，芒然仿佯于尘埃之外，而消摇于无事之业，含阴吐阳，而万物和同[⑤]者，德也。是故道散而为德，德溢而为仁义，仁义立而道德废矣。百围[⑥]之木，斩而为牺尊[⑦]，镂之以剞劂[⑧]，杂之以青黄，华藻镈鲜[⑨]，龙蛇虎豹，曲成文章[⑩]，然其断在沟中。一[⑪]比牺尊、沟中之断，则丑美有间[⑫]矣，然而失木性钧也。是故神越[⑬]者其言华，德荡[⑭]者其行伪。至精亡于中，而言行观于外，此不免以身役物矣。夫趍舍行伪者，为精求于外也。精有湫尽，而行无穷极，则滑心浊神而惑乱其本矣。其所守者不定，于外淫于世俗之风，所断差跌[⑮]者，而内以浊其清明，是故踌躇[⑯]以终，而不得须臾恬淡矣。

【注释】

①声华：荣誉、声誉。呕符：怜爱。妪掩：抚育。

②䜣䜣然：高兴的样子。

③决挐：解决纷乱。

④九窍：九孔。《周礼》讲阳窍有七个：眼、耳、鼻、舌、口。阴窍有两个：大、小便处。

⑤和同：和洽同心。

⑥围：两臂合抱的圆周长，或者是两手的大拇指与食指合拢的圆周长。

⑦牺尊：古代的一种牛形的酒器。

⑧剞劂：雕刻用的刀子。

⑨华藻：华丽的文辞。镈：通“敷”，布敷。鲜：鲜艳。

⑩文章：文采。

⑪一：一旦。

⑫间：远。

⑬越：分散。

⑭荡：放纵。

⑮差跌：失误。

⑯踌躇：犹豫、忧虑。

【译文】

现在所积累的恩惠很宽厚，将慈爱恩惠施及百姓，用声誉和荣耀去爱抚、养育百姓，使他们悠然自得，保全应有的本性，这就是所谓的“仁”；建立伟大的功绩，树立威望，使君臣关系得以确立，规定上下之礼，明确关系的亲疏远近，区别贵贱等级，保全危难的国家，使灭绝的世族得以恢复，使各种纷乱得以解决，重建被毁的宗庙，选立绝后者的继承人，这就是所谓的“义”；断绝欲望，隐藏心机，摒弃智慧，返回本真，茫然置身于尘世之外，在无为的初始界域里逍遥自在，呼吸顺应阴阳之气，和万物融洽相处，这就是所谓的“德”。所以，“道”要是缺失就只能依靠“德”，“德”要是流逝只得施“仁义”，“仁义”树立，那么道德就废止了。砍断百围粗的树木，制作牺樽，用曲凿刻刀进行雕刻，再涂上青黄相间的颜料，使它花纹华丽、装饰鲜亮，龙蛇虎豹的形象在上面雕刻得栩栩如生。现在拿另一段被扔在水沟中的木头与这华丽的牺樽进行比较，除掉美丑的差别，两段木头都已经失去了树木的本性。由此可见，精神分散的人就会言不由衷，道德放纵的人行为就会虚伪。纯粹的精神一旦从心中流逝了，呈现在人们眼前的就是浮辞伪行，人们不免要受外界物质世界的役使。人们的言行举止都是精神世界的外在表现。精神总会被耗尽，而行为却不会停止，假如精神涣散，就会心神混乱，不知道生命的根本方向。人的精神要是不能守持，就会被世俗的风气侵蚀，一旦决断失误，内在的纯洁本性由此变得浑浊，因而会犹豫忧虑一生，得不到片刻的安宁。

【原文】

是故圣人内修道术，而不外饰仁义；不知耳目之宜，而游于精神之和。若然者，下揆三泉[①]，上寻九天，横廓[②]六合，揲贯[③]万物。此圣人之游也。若夫真人，则动溶[④]于至虚而游于灭亡之野，骑蜚廉而从敦圄[⑤]，驰于方外，休乎宇内，烛十日而使风雨，臣雷公，役夸父[⑥]，妾宓妃[⑦]，妻织女[⑧]。

天地之间何足以留其志！是故虚无者道之舍，平易者道之素⑨。

【注释】

①揆（kuí）：度量。三泉：指地下深处。

②廓：开扩、扩大。

③揲（shé）贯：累积。

④动溶：摇荡。

⑤蜚廉：一种长毛有翅膀的兽。敦圄：一个仙人的名字。

⑥役：役使。夸父：神名。

⑦宓妃：洛河女神名。

⑧织女：神女的名。

⑨素：本色。

【译文】

所以圣人注重内在修养，不注重用仁义来装饰外表；不注重耳目适宜于何种声色，而游心在精神的和谐之中。要是能做到这些，他可以下探三泉、上寻九天、拓展到四方上下、贯穿于天地万物。这些就是圣德之人的游踪。至于那“真人”，更在虚无的区域里活动，在无形的境界里游走，他骑上蜚廉神兽，让敦圄做侍从，在世俗之外驰骋，在宇宙之中得到休整，让十个太阳照明，让风雨都听他的指挥，让雷公作为臣子、夸父作为役仆，纳宓妃为妾，娶织女为妻。天地之间哪些事物还值得让他滞留心志！所以说道的立足点是虚无，道的本性是平易。

【原文】

夫人之事其神而娆其精①，营慧②然而有求于外，此皆失其神明而离其宅③也。是故冻者假兼衣于春，而暍④者望冷风于秋。夫有病于内者，必有色⑤于外矣。夫梣木⑥色青翳，而蠃⑦瘉蜗睆，此皆治目之药也，人无故求此物者，必有蔽其明者。圣人之所以骇⑧天下者，真人未尝过焉；贤人之所

以矫[9]世俗者，圣人未尝观焉。夫牛蹄之涔[10]，无尺之鲤，块阜[11]之山，无丈之材，所以然者何也？皆其营宇[12]狭小而不能容巨大也，又况乎以无裹之者邪，此其为山渊之势亦远矣。夫人之拘于世也，必形系而神泄，故不免于虚[13]。使我可系羁者，必其有命在于外也。

【注释】

①事：侍奉。神：指人体活动的外在表现，也指人的精神活动。娆：烦恼。精：构成人体和生命的基本物质。

②营慧：求索名利的样子。

③宅：指精神。

④暍：中暑。

⑤色：容色。

⑥梣木：又叫苦枥木，梣木皮又叫秦皮。

⑦蠃（luǒ）：应指蜗牛，其涎液能清凉解毒。

⑧骇：惊骇。

⑨矫：纠正。

⑩涔：积水。

⑪块阜：小土山。

⑫营宇：指范围。

⑬虚：指疾病。

【译文】

人们使自己的心志受到劳碌，使精神受到烦扰，运用智谋去追求物质利益，这些都会使人的精神元气受到耗损，而使精神离开了原有的位置。所以，受冻的人希望借助衣服使自己得到春天的温暖，而中暑的人却希望秋天的凉风赶紧到来以解热。身体内部有病者，肯定会在人的面部表现出来。秦皮泡在水中能治疗青翳，蜗牛的唾液能治疗眼病，这些治疗眼疾的良药，要是无缘无故地使用一定会伤害人的眼睛。圣人之所以能让天下吃惊，真人从来不过问；贤人能够使世俗得到纠正，圣人从不过问。那牛蹄的脚印形成的水洼里，是不会有一尺长的鲤鱼的；小土丘是不会长出参天大树的。是什么造成这样呢？都是因为它们的范围狭小容不下巨大的东西而已，更何况要包裹无形的天地呢？它们距离深渊和高山的规模和气势还是很远的呢。人们拘泥于世俗社会，肯定身心会受牵绊使精神受到散逸，所以不免会生病。如果我能为名利欲念所羁绊，肯定是我的命运和外物接触的结果。

【原文】

至德[①]之世，甘瞑于溷涧[②]之域，而徙倚于汗漫[③]之宇，提挈天地而委[④]万物，以鸿濛[⑤]为景柱，而浮杨乎无畛崖[⑥]之际。是故圣人呼吸阴阳之气，而群生莫不颙颙然[⑦]仰其德以和顺。当此之时，莫之领理决离[⑧]，隐密而自成，浑浑苍苍[⑨]，纯朴未散，旁薄为一而万物大优。是故虽有羿之知而无所用之。及世之衰也，至伏羲氏[⑩]，其道昧昧芒芒然，吟德怀和[⑪]，被施颇烈，而知乃始昧昧晽晽，皆欲离其童蒙之心，而觉视于天地之间，是故其德烦而不能一。乃至神农、黄帝，剖判大宗，窍领[⑫]天地，袭九窾，重九埶，提挈阴阳，嫥捖[⑬]刚柔，枝解叶贯，万物百族，使各有经纪条贯。于此万民睢睢盱盱然[⑭]，莫不竦身而载听视。是故治而不能和。下栖迟至于昆吾[⑮]，夏后之世，嗜欲连于物，聪明诱于外，而性命失其得。施及周室之衰，浇淳[⑯]散朴，杂道以伪，俭德以行，而巧故萌生。周室衰而王道废，儒墨乃始列道而议，分徒而讼。于是博学以疑圣，华诬以胁众；弦歌鼓舞，缘饰《诗》《书》，以买名誉于天下。繁登降之礼，饰绂冕之服；聚众不足以极其变，积财不足以赡其费，于是万民乃始憢觟离跂，各欲行其知伪，以求凿枘于世，而错择名利。是故百姓曼衍于淫荒之陂，而失其大宗之本。夫世之所以丧性命，有衰渐以然，所由来者久矣。

【注释】

① 至德：最高尚的道德。

② 甘瞑：甜睡。溷（hùn）涃：无涯的样子。

③ 徙倚：自由遨游。汗漫：广大无边的样子。

④ 提挈：提举。委：放弃。

⑤ 鸿濛：东方之野，传说是日出的地方。

⑥ 浮杨：遨游。畛崖：界限。

⑦ 颙颙然：仰慕的样子。

⑧ 领理：统率、治理。决：决裂。离：分开。

⑨ 浑浑苍苍：混沌不清的样子。

⑩ 伏羲氏：上古传说中的部落首领。

⑪ 怀和：含怀和气。

⑫ 窍领：贯通。

⑬ 娃挠：和调。

⑭ 睢睢盱盱然：直视的样子。

⑮ 栖迟：停留。昆吾：夏的同盟部落。

⑯ 浇：薄。淳：通“醇”，醇酒。

【译文】

在道德最纯的时期，人们甘心处在虚无缥缈的混沌状态里，自由地遨游在浩瀚无垠的空间，提携天地而抛弃万物，把东方之野作为圭表，飘浮在茫茫天地之间。因此圣人呼吸阴阳二气，而万物群生都仰慕归依于他，做到内心和顺。那时，没有人刻意去统率治理，但人和万物都顺应自然本性悄然形成，自然生长，混沌不明，纯粹质朴的道德并没有消失，广大无边又浑然一体，世间万物在此悠然自得。因此，即使有后羿的智慧也发挥不了作用。等到道德衰退时，到伏羲氏的时候，天下的道德还是浑厚茫然，蕴含的道德和气得到很广的布施，但人们的智慧由此产生了，人们热衷于求知，并开始违背淳朴的本性，观察起天地间的各种事物，所以伏羲氏的道德无常而没有统一的标准。到了神农、黄帝时代，他们已经偏离了道的根本，贯通天地，遵循自然法则，掌握阴阳变化，调和阴阳刚柔，使它们分解连贯，让世间万物都有秩序条理。这样百姓都会睁开眼睛，伸长脖子聆听君主命令，仰头观看君王脸色。所以神农、黄帝虽然能让天下得到治理，却不能够做到和谐自然。社会到了昆吾、夏朝时代，人们的嗜好欲望受到了外界的诱惑，聪明也被引诱到外界，因而天然本性和赖以生存的道德都丧失了。等到周朝走向没落的时候，敦厚淳朴的风气也已经消失了，人们的行为都偏离本性，违背道德，于是也就产生了虚伪奸诈的勾当。周王室衰败，王道废除了，儒、墨也开始对自己的学说进行鼓吹，两方的信徒开始进行辩论。在这种情况下，各家学说都运用广博的智慧来模仿圣人，只不过是用华而不实的辞藻来蛊惑民众罢了；他们依靠礼乐歌舞，拿《诗》《书》来粉饰赞誉自己，为的是能够求得一个好的名誉。与此同时，他们还主张烦琐的礼节，装饰绂冕礼服，而且还规定等级；聚集民众变化无尽的花样，积聚很多财富还是不能满足欲望，在如此的社会风气下，老百姓也走上了歧途，他们不明事理，但是却想施展聪明才智，迎合世俗，为了名利竟然不择手段。所以百姓追逐荒淫的道路，偏离了他们的道德根本。世人丧失掉纯正的天性，而且日益没落，它产生的根源不是一两天了。

【评析】

“俶”，就是始。“真”，即是实。杨树达认为：“真字，《说文》训‘仙人变形而登天’，盖战国燕齐方士之说盛行以后始有此字，故六经无其字，而始见于庄生之书。……《淮南子》此篇全衍《庄子》之旨，故以《俶真训》名篇，《俶真训》犹首篇之名《原道训》也。”《庄子》中的“古之真人”，是天道的体现者，他将自己视为自然界的一部分，达到天人合一的境界。此篇的中心思想是，要养性存真以体道，而做到这一点，必须要具备一定的客观条件，即遇到“至德之世”。这是对“道”的进一步阐述，本篇因此也被许多人看作《原道训》的续篇，只是两篇各有侧重。

作者以人类社会发展顺序为线索，论述了不同时代人与“道”的关系，并根据人与“道”的关系之远近，将人分为真人（忘怀于物，淡情寡欲，齐生死，与天合一）、圣人（能够遵循道，但主要是依德而行）、贤人（只行仁义，不能体现道、德）和俗人（背离道、德，抛弃仁义的世俗之徒）四个等级。他们分别出现在至德之世、伏羲氏、神农黄帝、昆吾夏后、周室之衰等不同的时代。作者借此阐述了道散而为德，德溢而为仁义，仁义立而道德废的过程，强调只有返璞归真，才能复兴道德，建立一个理想的社会。

文中涉及了几个重要的问题，值得注意。

一、关于宇宙起源演化的问题。这是中国古代哲学中一个重要的命题，以道家的观点最有代表性。道家的宇宙观始于老子，他提出“道生一、一生二、二生三，三生万物”，把整个宇宙看成一个自然演变的发展过程，但还比较简单笼统。到战国中期，庄子对老子的宇宙观有所继承发展，但总的说来，变化不大。《淮南子》在总结老子、庄子的基础上，建立了比较完整的宇宙发展体系，本文中将宇宙的产生、发展分为三个大的阶段，并对每个阶段的特征，做了详细描述。

二、生与死的问题。如何看待生死，也是一个重要的哲学问题。《淮南子》继承庄子的观点，认为生死无别，不必以生为乐，也不必以死为悲。强调生死齐一，实则也就是强调要顺应自然。文中，作者还强调了形（身体）与神（精神）的统一，认为二者不可分离。

三、“时”的问题。也就是机遇的问题，作者认为“体道者不专在于我，亦有系于世矣”，一个人的成功与否，离不开他所处的时代。许由、方回、善卷、披衣四人，并非有过人之才，然而他们能达于道，就因为他们处在“至德之世”。这里作者一反两汉英雄造时势的观点，认为时势造英雄，体现了较为进步的历史观。

天文训

【原文】

天地未形，冯冯翼翼，洞洞灟灟[1]，故曰大昭[2]。道始于

虚霩[③]，虚霩生宇宙[④]，宇宙生气。气有汉垠[⑤]，清阳者薄靡[⑥]而为天，重浊者凝滞而为地。清妙之合专易，重浊之凝竭[⑦]难，故天先成而地后定。天地之袭精为阴阳，阴阳之专精为四时，四时之散精为万物。积阳之热气生火，火气之精者为日；积阴之寒气为水，水气之精者为月。日月之淫为精者为星辰。天受日月星辰，地受水潦尘埃。昔者共工与颛顼争为帝，怒而触不周之山，天柱折，地维绝。天倾西北，故日月星辰移焉；地不满东南，故水潦尘埃归焉。

【注释】

① 冯冯翼翼，洞洞灟灟：都是混沌不开，没有一定形状的样子。

② 大昭：宇宙原始的混沌状态。

③ 虚霩：空虚、无形。

④ 宇宙：指时间和空间。

⑤ 气：构成万物的原始物质。汉垠：边际。

⑥ 清阳：清轻的气。薄靡：轻微发散的样子。

⑦ 重浊：沉重混浊的气。凝竭：聚集。

【译文】

在还没有天地的时候，宇宙一片混混沌沌的状态，没有一定的形体也没有一定的景象，因此叫作大昭。清虚空廓是道原始的状态，清虚空廓后来又生成宇宙，宇宙生出元气。这种元气是有一定的界限的，其中清明部分往上升腾就形成天，重浊部分凝结下沉就形成地。清明部分的气容易汇聚到一起，重浊部分的气很难融合在一起，所以最先形成的是天，地是后来才形成的。天和地的精气相融合在一起，于是孕育出阴阳二气，阴阳二气的精华融合在一起孕育了春夏秋冬四季，四季的精气消散之后产生万物。阳气积聚在一起，其中的热气便产生了火，太阳正是由火气的精华部分产生的；阴气积聚在一起，其中的寒气便形成了水，月亮正是由水汽的精华部分产生的。太阳、月亮的精华之气散逸出去，于是星辰便产生了。日月星辰悬挂于天空之上，水潦尘埃存在于大地上。以前共工和颛顼争夺天下的帝位，共工盛怒之下头撞不周山，把擎天的柱子撞断了，系地的绳子也被扯断了。天倾斜于西北方，所以日月星辰也都倒向西北方向了；地塌陷偏东南方，所以水流尘土都向东南方向奔流了。

【原文】

天道曰圆，地道曰方；方者主幽，员者主明。明者吐气者也，是故火曰外景①；幽者含气②者也，是故水曰内景③。吐气者施④，含气者化⑤，是故阳施阴化。天之偏气⑥，怒者为风；天地之含气⑦，和者为雨。阴阳相薄⑧，感⑨而为雷，激而为霆，乱⑩而为雾。阳气胜则散而为雨露，阴气胜则凝而为霜雪。

【注释】

① 外景：光芒在外，指火和太阳。

② 含气：吸收气体。

③ 内景：光芒在内，指水和月亮。

④ 施：给予。

⑤ 化：生成。

⑥ 偏气：不正之气。

⑦ 含气：吸收的气体。

⑧ 薄：逼近。

⑨ 感：感触。

⑩ 乱：杂乱。

【译文】

天的本性是圆的，地的本性是方的；方的地主宰幽暗，圆的天主宰光明。光明的天释放出来的是阳气，所以火和日的光芒就照射在外；幽暗的地包含的是阴气，所以水和月就把光泽深藏在内。吐散阳气的是主管施与的，蕴含阴气的是主管孕育的，所以阴阳二气分别主管孕育和施与。阴阳二气的不正之气就形成怒气，风便是由怒气产生的；阴阳二气相互交汇，便形成雨。阴阳二气相迫近，得到感应就生成了雷，激烈动荡就生成闪电，散开便成浓雾。如果阳气处于强势，雾就飘散成了露水，如果阴气处于优势，雾就凝聚在一起成了霜雪。

【原文】

毛羽[①]者，飞行之类也，故属于阳；介鳞[②]者，蛰伏[③]之类也，故属于阴。日者阳之主也，是故春夏则群兽除[④]，日至而麋鹿解；月者阴之宗也，是以月虚而鱼脑减，月死[⑤]而蠃蛖膲。火上荨[⑥]，水下流，故鸟飞而高，鱼动而下。

【注释】

①毛羽：即鸟类。

②介鳞：指龟和蛇等动物。

③蛰伏：指冬眠的动物。

④除：坠落。

⑤月死：农历每月晦日，月光不明，所以叫“月死”。

⑥荨：通“覃”，蔓延。

【译文】

鸟类身上生着羽毛，能够翱翔于天空，所以它们属于阳类；龟蛇长着鳞甲，在地下冬眠，所以它们属于阴类。太阳主宰着阳类，因此春夏两季兽类都要开始换毛，夏至和冬至时麋鹿都会长出新角。月亮掌控着阴类，因此月缺时鱼的脑髓就随之减少，月亮昏暗不明时，螺蚌的肉就变得干瘪。火是往上蹿的，水是往低处流的，所以属于阳类的鸟儿能够在高处飞翔，属于阴类的鱼只能在深渊中游荡。

【原文】

物类相动，本标[①]相应。故阳燧[②]见日，则燃而为火；方诸见月，则津[③]而为水。虎啸而谷风[④]至，龙举而景云[⑤]属，麒麟斗而日月食[⑥]，鲸鱼死而彗星出，蚕珥[⑦]丝而商弦绝，贲星坠而勃海决[8]。人主之情上通于天，故诛暴则多飘风[9]，枉法令则多虫螟[10]，杀不辜则国赤地，令不收则多淫雨。

【注释】

①标：末端。

②阳燧：一种取火的工具，是利用凹面聚光的原理取火的。

③津：生津，即化气。

④谷风：即东风。

⑤景云：祥云。

⑥麒麟：古代传说中的瑞兽，是以犀牛、长颈鹿为原型的。食：蚀。

⑦珥（ěr）：通“咡”，吐丝。

⑧贲星：客星。决：溢出。

⑨诛暴：暴虐、诛杀。飘风：暴风。

⑩虫螟：食心虫。

【译文】

万物因为属于同类，能够相互感应，本和末能够相互联系。所以把阳燧放在阳光下，就能积聚热量生成火；将方诸放在月光下，阴气就会变成润泽的水。老虎吼叫时就会刮起阴凉的山风，蛟龙飞舞就有祥云升起，麒麟相斗就会发生日食和月食，鲸鱼一死，天空就会出现彗星，蚕吐丝时，商弦容易折断，流星坠落时，海水就开始漫涨。人间君主的性情是和上天相互感应的，所以刑罚严酷暴风就多，歪曲法令虫灾就多，杀害无辜百姓就发生旱灾，政令不合时宜就下暴雨，造成涝灾。

【原文】

四时者，天之吏也；日月者，天之使也；星辰者，天之期[1]也；虹霓彗星者，天之忌也。

【注释】

①期：期约、聚会。

【译文】

四季是上天的使者，日月担任天的使节，星辰是上天会合的场所，虹霓彗星的出现是因为上天想表达一定的禁忌。

【原文】

天有九野[①]，九千九百九十九隅，去地五亿万里；五星、八风、二十八宿、五官、六府、紫宫、太微、轩辕、咸池、四守、天阿。

【注释】

① 九野：即九天。野，分野。

【译文】

上天一共划分成九个区域，又分为九千九百九十九个小区，和大地有五亿万里的距离；上天又分五星、八风、二十八宿、五官、六府、紫宫、太微、轩辕、咸池、四守和天阿等。

【原文】

何谓九野？中央曰钧天[①]，其星角、亢、氐[②]。东方曰苍天[③]，其星房、心、尾。东北曰变天[④]，其星箕、斗、牵牛。北方曰玄天[⑤]，其星须女、虚、危、营室。西北方曰幽天[⑥]，其星东壁、奎、娄。西方曰昊天[⑦]，其星胃、昴、毕。西南方曰朱天[⑧]，其星觜嶲、参、东井。南方曰炎天[⑨]，其星舆鬼、柳、七星。东南方曰阳天[⑩]，其星张、翼、轸。

【注释】

① 钧天：依据高诱注，"钧：平也。为四方之主，故曰'钧天'。"

② "其星"句：角、亢、氐三星离斗杓是最近的，所以把它们划为中央。

③ 苍天：《吕览》注："东方二月建卯，木之中也。木色青，故曰苍天。"

④ 变天：阴阳始作，万物萌芽，故曰变天。

⑤ 玄天：北方十一月建子，水之中天。水色黑，故曰玄天。

⑥ 西北方曰幽天：西方季秋（九月），将接近于阴气（太阴）将盛的冬天，故称“西北方曰幽天”。

⑦ 西方曰昊天：西方属金，色白，故称“西方曰昊天”。

⑧ 西南方曰朱天：南方为火，西南方曰火之末，炎气下降，为少阳，故称“西南方曰朱天”。

⑨ 炎天：《吕览》注：“南方五月建午，火之中也，火性炎上，故曰炎天。”

⑩ 东南方曰阳天：南方为太阳，东方为少阳，处两阳之间，故称“东南方曰阳天”。

【译文】

什么是大的九野？其中中央区域叫钧天，角宿、亢宿和氐宿同时又在这一区域里分布着。东方区域叫苍天，房宿、心宿和尾宿都是位于这一区域的。东北区域叫变天，箕宿、斗宿和牵牛宿恰好在这一区域里。北方区域叫玄天，须女宿、虚宿、危宿和营室宿就属于这一区域。西北区域叫幽天，东壁宿、奎宿、娄宿属于这一区域。西方区域叫昊天，胃宿、昴宿和毕宿位于这一区域。西南区域叫朱天，觜巂宿、参宿和东井宿属于这一区域。南方区域叫炎天，舆鬼宿、柳宿和七星宿分布在这一区域。东南区域叫阳天，张宿、翼宿和轸宿分布于此。

【原文】

何谓五星？东方，木也，其帝太皞[①]，其佐句芒[②]，执规[③]而治春。其神为岁星，其兽苍龙，其音角，其日甲乙。南方，火也，其帝炎帝[④]，其佐朱明[⑤]，执衡[⑥]而治夏。其神为荧惑[⑦]，其兽朱鸟，其音徵，其日丙丁。中央，土也，其帝黄帝[⑧]，其佐后土[⑨]，执绳[⑩]而制四方。其神为镇星[⑪]，其兽黄龙，其音宫，其日戊己。西方，金也，其帝少昊，其佐蓐收[⑫]，执矩[⑬]而治秋。其神为太白[⑭]，其兽白虎，其音商，其日庚辛。北方，水也，其帝颛顼，其佐玄冥[⑮]，执权而治冬。其神为辰星，其兽玄武[⑯]，其音羽，其日壬癸。

【注释】

①木：即木星。古代认为木星十二年一周天，每岁行一次。太皞：伏羲氏占有天下的年号，祭祀为东方天帝。

②句芒：依《吕览》注："少昊氏之子曰重，佐木德之帝，死为木官之神。"

③规：画圆形的工具。

④炎帝：神农氏，祭祀时为南方之帝。

⑤朱明：即祝融，炎帝后裔，后人称为火神。

⑥衡：测量水平的工具。

⑦荧惑：因为隐约不定，使人迷惑得名。

⑧黄帝：少典之子，祭祀为中央之帝。

⑨后土：炎帝之子。

⑩绳：绳尺，木工取直的墨绳和尺子。

⑪镇星：因为二十八年运行一周天，好像镇压二十八星宿一样，所以得名。

⑫少昊：黄帝之子。蓐收：少昊之子。

⑬矩：画直角或方形的工具。

⑭太白：早晨出现于东方，又叫启明星。

⑮颛顼：黄帝之孙。玄冥：水神。

⑯辰星：出现在西方。玄武：北方七宿的总称，形状像龟蛇相交。

【译文】

五星是什么？东方是木星，它的主宰是太皞，句芒则是它的辅佐大臣，句芒执规尺来管理春天。岁星是东方的护神，苍龙是它的代表兽，它在五音中属于角音，日干用的是甲乙。南方是火星，它的主宰是炎帝，朱明是它的辅佐大臣，朱明手拿衡器管理整个夏季。荧惑是南方的护神，朱鸟是它的代表兽，它在五音中属于徵音，日干用的是丙丁。中央是土星，黄帝是它的天帝，由后土担任辅佐大臣，后土手拿绳墨管理四方的事物。镇星是中央的护神，黄龙是它的代表兽，它在五音中是宫音，日干用戊己。西方是金星，少昊是它的主宰，由蓐收来担任它的辅佐大臣，蓐收执矩尺管理秋季的事务。太白是西方的护神，它是以白虎作为代表兽，它在五音中属于商音，日干用庚辛。北方是水星，颛顼作为它的天帝，由玄冥来辅佐，玄冥执权器管理整个冬季。星辰是北方的护神，玄武是它的代表兽，它在五音中属于羽音，日干用壬癸。

【原文】

太阴在四仲[①]，则岁星[②]行三宿；太阴在四钩[③]，则岁星行二宿。二八十六，三四十二[④]，故十二岁[⑤]而行二十八宿。日行十二分度之一，岁行三十度十六分度之七，十二岁而周。荧惑常以十月入太微[⑥]，受制[⑦]而出行列宿，司[⑧]无道之国，为乱为贼，为疾为丧，为饥为兵。出入无常，辨变其色，时见时匿。镇星以甲寅元始建斗[⑨]，岁镇行[⑩]一宿。当居而弗居，其国亡土；未当居而居之，其国益地，岁熟。日行二十八分度之一，岁行十三度百一十二分度之五，二十八岁而周。太白元始，以正月甲寅[⑪]，与荧惑晨出东方。二百四十日而入[⑫]，入百二十日而夕出西方；二百四十日而入，入三十五日而复出东方；出以辰戌，入以丑未；当出而不出，未当入而入，天下偃兵；当入而不入，当出而不出，天下兴兵。辰星正[⑬]四时，常以二月春分效奎、娄，以五月夏至效东井、舆鬼；以八月秋分效角、亢，以十一月冬至效斗、牵牛。出以辰戌，入以丑未，出二旬而入，晨候之东方，夕候之西方；一时[⑭]不出，其时不和；四时不出，天下大饥[⑮]。

【注释】

① 太阴：也叫太岁。古代天文学家假设的星名，与岁星相对应，但是与岁星的运行方向相反，主要用来纪年。四仲：即十二辰中的卯、酉、子、午，处于四面之中，也即十二节气中的春分、夏至、秋分、冬至。

② 岁星：即木星。

③ 四钩：即丑寅、辰巳、未申、戌亥。

④ 二八十六：即岁星行二宿乘以四钩（八辰）等于十六（宿）。三四十二：岁星行三宿乘以四仲（四辰）等于十二（宿）。

⑤ 十二岁：木星实际上 11.86 年一周天。

⑥ 太微：即太微垣，在北斗之南，轸宿和翼宿的北面。

⑦ 制：令。

⑧ 司：主管。

⑨ 建：北斗七星斗柄所指为建。建斗：即镇星起于斗。

⑩ 镇：镇守。行：巡查。

⑪ 正月甲寅：指甲寅年六月为一年之首，太阴、太岁相同。

⑫“二百四十日”句：指出了金星的会合周期。

⑬ 正：规定。

⑭ 时：指季节。

⑮ 饥：饥荒。

【译文】

太阴处在子、午、卯、酉四辰次的时候，岁星每辰次就会经过二十八宿中的三星宿。太阴处在丑寅、辰巳、未申、戌亥四角相连的辰次时，岁星每辰次经过其中的二星宿。二乘以八等于十六，三乘以四等于十二，所以十二年就会行完二十八宿。岁星一天运行十二分之一度，一年运行三十又十六分之七度，十二年行三百六十五又四分之一度，即一周天。荧惑星进入太微垣的时间一般在十月，接受天帝命令，巡查各星宿，主管无道的国家，让这些国家出现动乱、灾害、疾疫、丧亡、饥荒和战争等灾害。荧惑星没有一定的出入轨迹，它的亮度颜色是不断改变的，时出时没。镇星在甲寅年正月开始运行于斗宿部位，每年只运行一个星宿。如果它应该处在某一星宿，但是却没有位于这个位置时，那么这一星宿所代表的国家就要失去土地；要是不应该处于某一星宿，但是却运行到那里时，那么这一星宿所代表的国家就增加土地，粮食丰收。镇星一天运行二十八分之一度，一年运行十三又十二分之五度，环绕一周天所需要的时间是二十八年。太白金星开始运行的时间是甲寅年正月的早晨，和荧惑星一起出现在东方。经过二百四十天便被遮住，等一百二十天后在傍晚时又在西方出现，二百四十天后再次不见了，等三十五天后再次在东方出现。它出现时位于辰位、戌位，消失时的位置是丑位、未位。如果它应该出现可是却没有出来、不该消失时却不见了，那么天下就会没有战事。如果当它应该消失时却还存在，不该存在时却出现了，那么天下就会战乱不止。一年四季可以根据辰星的运行来定，星宿一般在二月春分时运行在奎宿、娄宿之间，五月夏至时处于东井宿、舆鬼宿之间，在八月秋分时位于角宿、亢宿之间，在十一月冬至时出现于斗宿、牵牛宿之间。它在辰、戌的方位出现，在丑、未方位消失，出现二十天后就不见了。清晨在东方等候，傍晚在西方守护。如果有一季它出现反常，那么这一季就会发生不协调的事情；如果一年四季它都是不出现，那么意味着大饥荒了。

【原文】

何谓八风？距日冬至四十五日，条风[①]至；条风至四十五日，明庶风[②]至；明庶风至四十五日，清明风至；清明风至四十五日，景风[③]至；景风至四十五日，凉风[④]至；凉风至四十五日，阊阖风[⑤]至；阊阖风至四十五日，不周风[⑥]至；不周风至四十五日，广莫风[⑦]至。条风至，则出轻系[⑧]，去稽留[⑨]；明庶风至，则正封疆[⑩]，修田畴[⑪]；清明风至，则出[⑫]币帛，使诸侯；景风至，则爵有位，赏有功；凉风至，则报地德，祀四郊[⑬]；阊阖风至，则收县垂[⑭]，琴瑟不张；不周风至，则脩宫室，缮边城；广莫风至，则闭关梁，决刑罚。

【注释】

①条风：立春时的东北风。

②明庶风：春分时的东风。

③景风：立夏时的东南风。

④凉风：立秋时的西南风。

⑤阊阖（chāng hé）风：秋分时的西风。

⑥不周风：立冬时的西北风。

⑦广莫风：冬至时的北风。

⑧轻系：轻刑。

⑨去：释放。稽留：被拘留的人。

⑩ 正：修正。封疆：疆界。

⑪ 田畴：田地。

⑫ 出：拿出。

⑬ 四郊：四方之神。

⑭ 县垂：钟磬等悬挂的乐器。

【译文】

八风是什么呢？条风在冬至日以后四十五天，将要立春时来到；明庶风在条风来到后四十五天，将要春分时来到；清明风在明庶风到来后四十五天，将要立夏时来到；景风在清明风来到后四十五天，将要夏至时来到；凉风在景风来到后四十五天，将要立秋时到达；阊阖风在凉风来到后四十五天，将要秋分时来到；不周风在阊阖风来到后四十五天，快要立冬时来到；广莫风在不周风来到后四十五天，快要冬至时来到。条风来临就要对监狱中的轻刑的犯人进行赦免；明庶风来临就要开始整理疆域田地；清明风来临天子就要拿出币帛之类的对诸侯进行慰问；景风来临就开始着手给官员封爵嘉奖；凉风来临就要报答土地之功，并祭祀四方神灵；阊阖风来临就要把悬挂的钟磬收起来，并且停止弹奏琴瑟；不周风来临，开始修缮宫室和边疆城池；广莫风来临就需要关闭关卡和桥梁，判决案件和处罚有罪之人。

【原文】

何谓五官？东方为田①，南方为司马②，西方为理③，北方为司空④，中央为都⑤。

【注释】

① 田：主农官。

② 司马：主兵。

③ 理：主狱。

④ 司空：主上。

⑤ 都：四方官之总管。

【译文】

五官是什么？东方木星是主管农业的田官，南方火星是主管军事的司马，西方金星是主管刑法的理官，北方水星是主管土木建筑的司空，中央土星是所有官吏的大总管。

【原文】

何谓六府[①]？子午、丑未、寅申、卯酉、辰戌、巳亥是也。

【注释】

①六府：古人认为是天上贮存财物的地方。

【译文】

何谓六府？就是十二辰中的子午相配、丑未相配、寅申相配、卯酉相配、辰戌相配和巳亥相配。

【原文】

太微者，太一[①]之庭也。紫宫[②]者，太一之居也。轩辕者，帝妃之舍也。咸池[③]者，水鱼[④]之囿也。天阿[⑤]者，群神之阙也。四宫[⑥]者，所以为司赏罚。太微者主[⑦]朱雀。紫宫执斗而左旋[⑧]，日行一度，以周于天。日冬至峻狼之山[⑨]，日移一度，月行百八十二度八分度之五，而夏至牛首之山[⑩]，反覆三百六十五度四分度之一而成一岁。天一[⑪]元始，正月建寅[⑫]，日月俱入营室[⑬]五度。天一以始建七十六岁，日月复以正月入营室五度，无余分，名曰一纪[⑭]。凡二十纪，一千五百二十岁大终[⑮]，日月星辰复始甲寅元。日行一度而岁有奇[⑯]四分度之一，故四岁而积千四百六十一日而复合故舍，八十岁而复故日。

【注释】

①太一：天帝之别名。

②紫宫：也称为紫微。包括北天极附近的天区，大致相当于拱极星区，

有十五星。

③ 咸池：在五车中，天潢南，鸟鱼所在地。

④ 水鱼：水神。

⑤ 天阿：应为天河。

⑥ 四宫：即紫微、轩辕、咸池、水鱼。

⑦ 主：掌管。

⑧ 左旋：向左旋转。

⑨ 峻狼之山：指北斗星至冬至时斗柄指向南极峻狼之山。

⑩ 牛首之山：指夏至时斗柄指向北极牛首之山。

⑪ 天一：北极星的别名。

⑫ 建寅：夏正以寅月为岁首。

⑬ 营室：即二十八，星宿玄武七宿的第六宿。

⑭ 一纪：纪年的单位，为七十六岁。

⑮ 大终：即一个周期。

⑯ 奇：零数。

【译文】

天帝的宫廷是太微垣。天帝的居室是紫微宫。嫔妃的宫室位于轩辕。水神的鱼池便是咸池。天河来承当群神的城墙。四守是奖赏惩罚的主管。太微主宰朱雀。紫微宫执掌北斗让它向左旋转，每天运行一度，每年环绕一周天。冬至时位于峻狼山的方位，每天移动一度，一共运行一百八十二又八分之五度时，夏至日正好到达牛首山的方位，然后返回三百六十五又四分之一度，正好用一年的时间。在斗柄指向寅的正月初一晨旦便开始了太岁纪年，在营室宿五度的部位是日月同现的时间。太岁纪年起再过七十六年，在正月初一晨旦，日月同现于营室宿五度的部位，又到了历元的开始，这就是“一纪”。运行二十纪，即把一千五百二十年叫作“大终”，这时，日月和星辰又回复到以甲寅年作为纪年的元年位置。北斗每天一度，一年就有四分之一的余数，所以四年的时间就积累一千四百六十一天，北斗星可以到达原来的宿位，经过八十年，又回复到最初的日子上。

【原文】

子午、卯酉为二绳[①]。丑寅、辰巳、未申、戌亥为四钩[②]。东北为报德之维[③]也，西南为背阳之维，东南为常羊[④]之维，西北为蹄通之维。

【注释】

① 二绳：指四辰所代表的冬至与夏至、春分与秋分，把一年用相互垂直的两条线连接起来区分季节。

② 四钩：钩，连接。指把丑与寅、辰与巳、未与申、戌与亥八个辰勾连起来，每钩之间夹一维。

③ 报德之维：阴气积于北方，阳气发于东方，自阴复阳，所以称为报德之维。古代把角称为维。

④ 常羊：不进不退的样子。

【译文】

子午和卯酉四个星辰组成两条互相垂直的线。丑寅、辰巳、未申、戌亥分别组成东北、东南、西南、西北四角，称为"四钩"。东北叫报德之维，阴气开始变阳，所以叫阳气恢复之角；西南是背阳之维，阳气开始变阴，因此叫阳气背离之角；东南阳气没有亏盈，所以叫阳气徜徉之角；西北纯阴，阳气开始萌发，需号使来疏通，所以叫呼号疏通之角。

【原文】

日冬至则斗北[①]中绳，阴气极，阳气萌，故曰冬至为德[②]。日夏至则斗南[③]中绳，阳气极，阴气萌，故曰夏至为刑[④]。阴气极则下至黄泉，北至北极，故不可以凿地穿[⑤]井。万物闭藏，蛰虫首穴[⑥]，故曰德在室。阳气极则南至南极，上至朱天[⑦]，故不可以夷丘[⑧]上屋。万物蕃息，五谷兆[⑨]长，故曰德在野[⑩]。

【注释】

① 斗北：北斗的斗柄朝北。

② 德：始生的旺气。

③ 斗南：北斗的斗柄朝南。

④ 刑：肃杀之气。

⑤ 穿：打。

⑥ 蛰虫：冬眠的动物。首穴：把头埋在巢穴中。

⑦ 朱天：西南方为朱天。

⑧ 夷丘：平整山丘。

⑨ 兆：开始。

⑩ 野：郊外。

【译文】

冬至时北斗的斗柄向北指向子辰部位，与子午经线重合，这时阴气极为旺盛，阳气开始萌发，所以说冬至是给万物带来旺气的时候。夏至时北斗斗柄向南指向午辰部位，与子午经线重合，这时阳气到了极点，阴气萌发，所以说夏至给万物带来的是肃杀。阴气达到极限时，北至北极、下至黄泉都能感受到阴气，所以这时不应该凿地打井。这时万物都躲藏起来，有的藏进地穴进行冬眠，所以说旺气在室内。阳气到了极点时，南至南极、上至朱天都感受着阳气，所以这时不可以平整山丘、修理房顶等。这时万物开始繁衍，五谷开始生长，因此说这时阳德在野外。

【原文】

日冬至则水从之，日夏至则火从之。故五月火正而水漏①，十一月水正②而阴胜。阳气为火，阴气为水。水胜，故夏至湿；火胜，故冬至燥。燥故炭轻，湿故炭重③。日冬至，井水盛，盆水溢，羊脱毛，麋角解，鹊始巢。八尺④之脩，日中而景丈三尺。日夏至而流黄泽⑤，石精⑥出，蝉始鸣，半夏⑦生。蚊虻不食驹犊⑧，鸷鸟不搏黄口⑨。八尺之景，脩径尺五寸。景脩则阴气胜，景短则阳气胜。阴气胜则为水，阳气胜则为旱。

【注释】

① 火正：火旺。漏：渗漏。

② 水正：水旺。

③ “燥故”二句：即用炭测量湿度。炭轻湿度小，炭重湿度大。

④ 八尺：测日影的表。

⑤ 流黄：即硫黄。泽：这里用作动词，汇成河流。

⑥ 石精：一种五色的玉。

⑦ 半夏：中药名，五月开始生，正好在夏天的一半，所以叫半夏。

⑧ 驹犊：即小马和小牛。

⑨ 黄口：即雏鸟。

【译文】

冬至时阴水非常旺盛，但阳火也是相伴相随的，夏至时阳火处于旺盛时期，但与之相伴的是阴水。所以五月火气旺盛，还是有水汽渗漏的，十一月水汽旺盛，火气也随之上升。阳气为火，阴气为水。水汽升腾，所以夏至时空气湿润；火气上升，所以冬至时天气干燥。天气干燥，那么木炭不能吸水就变轻，空气潮湿，木炭吸水多就变得重。冬至时井水水位上涨，盆水溢出，羊脱毛，麋鹿长新角，鸟鹊开始筑巢。中午立八尺长的圭表，测出的日影有一丈三尺长。夏至时到处流黄水，石中的五色玉出现，蝉鸣叫，半夏长成，蚊虻还没叮马驹牛犊，猛禽也不对雏鸟进行捕杀。中午立八尺长的圭表，所测出的日影是一尺五寸长。日影长意味着阴气盛，并且日离地远，日影短意味着阳气盛而日离地近。阴气多雨水就多，阳气多容易出现干旱。

【原文】

阴阳刑德有七舍[①]。何谓七舍？室、堂、庭[②]、门、巷、术、野。十二月德居室三十日，先日至十五日，后日至十五日而徙，所居各三十日。德在室则刑在野，德在堂则刑在术，德在庭则刑在巷。阴阳相德[3]，则刑德合门。八月、二月，阴阳气均，日夜分平，故曰刑德合门。德南则生，刑南则杀，故曰二月会而万物生，八月会而草木死。

【注释】

① 七舍：即七处居留的地方。

② 室：内室。堂：殿堂。庭：院子。

③ 相德：相合、集合。

【译文】

阴气主刑杀，阳气主生长，它们一共有七处居住的地方。到底是哪些地方呢？就是指室、堂、庭、门、巷、术、野。十二月阳气在内室停留三十天，也就是说冬至前后在室内各留十五天，然后依次运行到各舍，在每一舍都停留三十天。阳气位于内室时，阴气处于郊野；阳气位于厅堂时，阴气处于街道中；阳气位于庭院时，阴气在巷子里。阳气和阴气相等时，它们一起在大门口集合。八月秋分和二月春分时，阴阳二气达到了平衡，那么这一天昼夜相等，所以说阴阳二气集合于大门口。阳气贯穿南北，万物开始生长繁育，而阴气贯通南北时，万物就被肃杀。所以说阴阳二气在二月春分时聚合在一起，万物就生长，阴阳二气在八月秋分时聚合，草木开始枯萎。

【原文】

太阴在寅，岁名曰摄提格[1]。其雄[2]为岁星，舍斗、牵牛，以十一月与之晨出东方，东井、舆鬼为对[3]。太阴在卯，岁名曰单阏[4]。岁星舍须女、虚、危，以十二月与之晨出东方，柳、七星、张为对。太阴在辰，岁名曰执徐，岁星舍营室、东壁，以正月与之晨出东方，翼、轸为对。太阴在巳，岁名曰大荒落[5]。岁星舍奎、娄，以二月与之晨出东方，角、亢为对。太阴在午，岁名曰敦牂[6]。岁星舍胃、昴、毕，以三月与之晨出东方，氐、房、心为对。太阴在未，岁名曰协洽[7]，岁星舍觜觿、参，以四月与之晨出东方，尾、箕为对。太阴在申，岁名曰涒滩[⑧]。岁星舍东井、舆鬼，以五月与之晨出东方，斗、牵牛为对。太阴在酉，岁名曰作鄂[⑨]。岁星舍柳、七星、张，以六月与之晨出东方，须女、虚、危为对。太阴在戌，岁名曰阉茂。岁星舍翼、轸，以七月与之晨出东方，营室、东壁为对。太阴在亥，岁名曰大渊猷。岁星舍角、亢，以八月与之晨出东方，奎、娄为对。太阴在子，岁名困敦[⑩]。岁星舍氐、房、心，以九月与之晨出东方，胃、昴、毕为对。太阴在丑，岁名赤奋若[⑪]，岁星舍尾、箕，以十月与之晨出东方，觜觿、参为对。太阴在甲子，刑德合[⑫]东方宫。常徙所不胜[⑬]，合四岁[⑭]而离，离十六岁而复合。所以离者，刑不得入中宫，而徙于木。太阴所居曰德，辰为刑；德，纲日[⑮]自倍因，柔日徙所不胜。刑，水辰之木，木辰之水，金火立其处。凡徙诸神[⑯]，朱鸟在太阴前一，钩陈在后三，玄武在前五，白虎在后六，虚星乘钩陈，而天地袭[⑰]矣。

【注释】

①摄提格：古代以太岁在天宫运转方向来纪年。太岁指向寅宫称为摄提格。

②雄：指的是木星，即岁星。

③对：相对。

④单阏：卯年的别称。

⑤大荒落：《尔雅·义疏》引李巡云："言万物皆藏茂而大出，霍然落落，故曰大荒落。"

⑥敦牂（zāng）：万物茂盛强壮的样子。

⑦协洽：阴阳化生，万物和谐的样子。

⑧涒滩：万物吐秀倾垂的样子。

⑨作鄂：万物陨落的样子。

⑩困敦：即混沌。

⑪赤：阳。奋：迅。若：顺。

⑫刑：肃杀。德：旺气。合：聚合。

⑬常：按照规律。不胜：不能制服。

⑭合四岁：即从东往西，从西往南，从南至北，从北至东，四岁刑德合。

⑮纲日：古代迷信的人附会阴阳相生相克的说法，选择吉日干事。认为十日中有五柔五刚，即五阴五阳。

⑯诸神：即朱鸟、钩陈、玄武、白虎。

⑰袭：合。

【译文】

太阴位于寅辰时，把这一年称为摄提格。跟它所对应的雄星是岁星，位于斗宿、牵牛宿之间，于农历正月和斗宿、牵牛宿于凌晨在东方的天空中一起出现，东井宿、舆鬼宿和它们遥遥相望。太阴位于卯辰时，把这一年称为单阏。岁星位于须女宿、虚宿、危宿之间，于二月和须女、虚、危三宿在凌晨在东方的天空中一起出现，柳宿、七星宿、张宿和它们遥相呼应。太阴位于辰辰时，把这一年叫作执除。岁星位于营室宿、东壁宿之间，于三月和营室、东壁二宿于凌晨在东方的天空中一起出现，翼宿、轸宿和它们相对而望。太阴位于巳辰时，把这一年命名为大荒落。岁星位于奎宿、娄宿之间，于四月和奎、娄二宿在凌晨的时候一同出现在东方的天空中，角宿、亢宿与它们相对出现。太阴在午辰时，把这一年称作敦牂。岁星位于胃宿、昴宿、毕宿之间，在五月的时间里与胃、昴、毕三宿在凌晨的时候一同出现在东方的天空，氐宿、房宿、心宿和它们遥相呼应。太阴位于未辰时，把这一年叫作协洽。岁星正好位于觜巂宿、参宿之间，于六月和觜巂、参二宿在凌晨的时间里一起出现在东方，尾宿、箕宿和它们远远呼应。太阴位于申辰时，把这一年命名为涒滩。岁星位于东井宿、舆鬼宿之间，在七月的时候与东井、舆鬼二宿于凌晨时一起同现于东方，斗宿、牵牛宿和它们远远相对而望。太阴位于酉辰时，把这一年叫作鄂。岁星位于柳宿、七星宿、张宿之间，在八月的时候与柳、七星、张三宿在凌晨的时间一起出现在东方，须女宿、虚宿、危宿和它们遥相呼应。太阴位于戌辰时，把这一年叫作阉茂。岁星位于翼宿、轸宿之间，在九月的时候和翼、轸二宿在凌晨的时间一起出现在东方，营室宿、东壁宿和它们远远相望。太阴位于亥辰时，把这一年称为大渊献。岁星位于角宿、亢宿之间，在十月的时候与角、亢二宿凌晨同时出现在东方，奎宿、娄宿和它们远远相对。太阴处在子辰时，把这一年叫作困敦。岁星位于氐宿、房宿、心宿之间，在十一月的时候和氐、房、心三宿凌晨同时出现在东方，胃宿、昴宿、毕宿和它们远远呼应。太阴位于丑辰时，把这一年称为赤奋若。岁星位于尾宿、箕宿之间，在十二月的时候与尾、箕二宿在凌晨的时候同时出现在东方，觜巂宿、参宿和它们遥相呼应。太阴位于甲子年时，刑与德在东方宫这里会合。按“刑”以东西南北的顺序运行，“德”按照东西南北中的顺序运动的规律，“德”进入中宫，那么“刑”就会偏离它不能驾驭的方位，转向了它所应处的方位，如此一来，“刑”“德”会合同行四年后开始出现偏离，但是偏离十六年后又在东西南北四宫中会合同行。这样算来，这种离、合为期二十年。可是“刑”“德”分离的原因是由于“刑”在东西南北四宫运行完后，按规律是不可以进入中宫的，而只能转移到属木的东宫。太阴所居的方位，记日天干是“德”，表月地支（十二辰）是“刑”。记日天干是“德”中，把甲、丙、戊、庚、壬这五个奇数日看作阳日，即所谓的刚日；把乙、丁、辛、巳、癸这五个偶数看作阴日，即所谓的柔日。作为刚日的阳德依靠自身的阳刚之气，让自己能居住在它应该处于的位置，即甲德位于甲主东宫、丙德位于丙主南宫、戊德位于戊主中宫、庚德位于庚主西宫、壬德位于壬主北宫；但是看作柔日的阴德只能通过顺从阳德才能运行到东西南北中这五宫中，即乙德从庚在庚（西宫）、丁德从壬在壬（北宫）、己德从甲在甲（东宫）、辛德从丙在丙（南宫）、癸德从戊在戊（中宫）。“刑”位于卯位时，可以让本该属“木”的“寅、辰”也像“水”辰“亥、子、丑”一样的“木”；“刑”位于子位时，可以让本来属“水”的“亥、丑”成为像“木”辰“寅、卯、辰”样的“水”；可是“刑”位于戌申和巳未这两个辰位时，属“火”的巳、未两个辰位和属“金”戌、申二辰都不会受“刑”的影响，都坚持着自己的位置。凡是诸神的运行情况，都是把太阳作为标准来确定的，朱鸟在太阴所处的前一辰，钩陈位于太阴所处的后三辰的位置，玄武位于太阴所处的前五辰的位置，白虎位于太阴所处的后六辰的位置。钩陈如运动到了子辰，还和子辰所对应的玄枵次中的虚星相靠近，这时天地都一派祥和平安的景象。

【评析】

在全书的总体结构中，《天文训》属于“上考天文”的内容，此章的用意在于使人“知逆顺之变，避忌讳之殃，顺时运之应，法五神之常”，最终“有以仰天承顺，而不乱其常者也”。全篇以天文为中心，同时介绍了历法、气象、音乐等方面的知识，是中国天文学史上一篇重要的文献。《天文训》不仅记载了宝贵的天文资料，更重要的是，它把天文作为一个独立的部门，并把乐律和计量标准作为其附庸，专立一章加以论述，这在中国文献记录中还是第一次，直接影响到后来的《史记》《汉书》等正史。

在天文方面，本文论述了宇宙的起源、日月、五星、二十八宿等天体的分布及运行规律等；历法方面，第一次完整记载了二十四节气的名称、十九闰七等；气象方面，论述了“八风”与天体运行密切相关的气候、物象等的变化规律；音乐方面，论述了“五音”“十二律”的产生演变等，在中国乐律史上有继往开来的作用。这里选取的是《天文训》中有代表性的一些内容，主要涉及以下几个方面：

一、论述了天地、阴阳、四季、日月星辰、风雨雷电的形成，以及天道与世间物象、人事之间的关系。文中，作者提出了自己的天体起源学说，勾勒了“虚廓——宇宙——气——阴、阳——天、地”这样一条演化路线。作者认为，天地未形成之前，宇宙混沌不分，迷迷茫茫，处于一种“无”的状态，这一个阶段称为“太昭”。“虚廓”，也是空虚、无形之意，“道”开始形成于此。“虚廓”产生出了宇宙（时间和空间），宇宙又生出“气”，“气”有不同，轻的部分飘逸上升变成天，浊重的部分凝结聚集成为地。清微之气容易聚合，沉重浑浊之气凝结困难，所以，天先于地而成。天地形成后孕育出各自的精气，又分化为阴阳二气，阴阳之气相互会合集中，便产生春、夏、秋、冬四时，阴阳之气散布开来，形成万物，世界进入了生命的境界。长期积聚的阳的热气生成火，火的精气变为太阳；长期积聚的阴气生成水，水的精气变为月亮。太阳、月亮多余的精气变为星辰。这就是《淮南子》关于天体起源的理论，这一理论经东汉张衡的肯定，曾流行了一千多年。

二、论述了“八风”的名称、发生的季节以及每个季节相应的政令等，贯穿着天人相应的思想。“八风”的名称，在古代典籍中有多种说法，《吕氏春秋》以“炎风、滔风、熏风、巨风、凄风、飂风、历风、寒风”为八风，《说文》以“融风、明庶风、清明风、景风、凉风、阊阖风、不周风、广莫风”为八风。

三、完整记载了二十四节气。二十四节气是中国历法的重要组成部分，也是时至今日最为人们所熟知的天文知识，其确立经历过一个长时期的积累过程，《淮南子》所记二十四节气名称与顺序，则与现今通行的已完全相同，这在中国文献中是第一次。此外，它还说明了二十四节气与音律等的对应关系，这是汉代人测候阴阳消长以推测灾异的重要坐标，反映出作者思想中的阴阳五行观念。

四、讲述了太阳在一天运行中不同时刻的名称，就是所谓的“十六所”。王充在《论衡·说日篇》中说：“五月之时，昼十一分，夜五分。六月，昼十分，夜六分。从六月往至十一月，月减一分，岁日行天十六道也。”王充所谓“十六道”，与此“十六所”相吻合，所以钱塘认为，这就是漏刻。

“十六所”中虞渊、蒙汜等名见于《楚辞》，《尚书》里也说到“旸谷”，可见，这一说法由来已久，渊源有据。

五、详细解释了十二律名称的含义。律学是声学的一部分，是一门科学，但因为它与气有密切的关系，因此，在古代被视为沟通天人关系的一个媒介。本文中，作者以斗所指的方向分地支为十二律，对十二律的含义做了充分的说明。

六、阐述了度量衡的由来。在文中，作者提出了度量衡也“生乎天道”的观点，并将度量衡与律历联系、配合起来，显示了其“天人一体”的观念，无所不在。公元前 221 年，秦始皇下令统一度量衡，对后世影响极大，对巩固国家的统一起到了重要作用。汉承秦制，从刘邦建汉到汉宣帝，基本上是继承并发展秦制。公元前 201 年，刘邦曾令张苍根据秦制定度量衡程式，张苍是秦时的官吏，非常熟悉秦制，所以，汉代的度量衡制度也很快就建立起了。

七、阐述了人天相应的思想。文中讲到“天有九重，人亦有九窍”、“天有四时……人亦有四肢”等。这种解释虽然很不科学，但却代表了古人对自身的一种认识。更可贵的是，作者强调“蚑行喙息，莫贵于人”，反映出以人为贵的思想。这一思想，自先秦以来就较为盛行，显示了中国人对生命的重视，是值得珍视的一种价值观。

八、介绍了古代确定东西方向、测量日远及天高的方法。汉代是中国古代天文测量的黄金时期之一，在天象观测、天文观测仪器创制、天文测量理论和方法等方面，都取得了一系列显著成果。空间和时间是天文观测和研究的对象，正是在长期天文观测的基础上，人们才形成了对空间和时间的总的看法，也就是宇宙观。《淮南子》里的这段记录，应是汉代天文观测技术的真实反映，显示古人探索宇宙奥妙的伟大成果。

地形训

【原文】

地形之所载，六合之间，四极[①]之内。昭之以日月，经[②]之以星辰，纪[③]之以四时，要[④]之以太岁。

【注释】

① 四极：四方最远的地方。

② 经：经过。

③ 纪：管理。

④ 要：管束、制约。

【译文】

大地所承载的范围，大致是六合之间，四极之内。有太阳月亮相照耀，有星辰相协调，由四季统治着它，有太岁管制着它。

【原文】

天地之间，九州八极。土有九山，山有九塞，泽有九薮[①]，风有八等，水有六品[②]。

【注释】

①薮（sǒu）：沼泽。

②品：种类。

【译文】

天地之间，囊括九州八极。整个大地上共有九山、九塞，还有九薮，风分为八类，水共有六种。

【原文】

何谓九州？东南神州曰农土[①]，正南次州曰沃土[②]，西南戎州曰滔土[③]，正西弇州曰并土[④]，正中冀州曰中土，西北台州曰肥土，正北济州曰成土，东北薄州曰隐土，正东阳州曰申土。

【注释】

①东南神州曰农土：十二支"辰"配东南，时值三月，是农事之始，所以原注为："东南，辰，为农神后稷之所经纬也，故曰农土。"

②正南次州曰沃土：十二支"午"配正南，时值五月，是庄稼生长之时，所以原注为："沃，盛也，五月建午，稼穑盛长，故曰沃土。"

③西南戎州曰滔土：十二支"申"配西南，时值七月，是庄稼饱满之时，所以原注为："滔，大也，七月建申，五谷成大，故曰滔土。"

④正西弇州曰并土：十二支"并"配正西，时值八月，是庄稼成熟之时，所以原注为："并，犹成也，八月建酉，百谷成熟，故曰并土。"

【译文】

那么，九州到底是什么呢？东南的神州称为农土，正南次州称为沃土，西南戎州叫作滔土，正西弇州叫并作土，正中冀州称为中土，西北台州是所谓的肥土，正北济州就是成土，东北薄州即所谓的隐土，正东阳州即申土。

【原文】

何谓九山？会稽、泰山、王屋、首山、太华、岐山、太行，羊肠、孟门。

【译文】

九山指的是什么？即会稽山、泰山、王屋山、首阳山、太华山、岐山、太行山、羊肠山以及孟门山。

【原文】

何谓九塞？曰：大汾、渑阨[1]、荆阮[2]、方城、崤阪[3]、井陉、令疵[4]、句注、居庸。

【注释】

① 渑阨：在今河南渑池西。

② 荆阮：在今湖北武当山东南，汉水西岸。

③ 崤阪：今潼关以东至河南新安一带。

④ 令疵：在今河北滦城、迁安之间。

【译文】

九塞指的是哪些？即太汾、渑阨、荆阮、方城、殽阪、井陉、令疵、句注和居庸。

【原文】

何谓九薮？曰：越之具区[1]，楚之云梦[2]，秦之阳纡[3]，晋之大陆[4]，郑之圃田[5]，宋之孟诸，齐之海隅，赵之巨鹿，燕之昭余。

【注释】

① 具区：即今太湖。

② 云梦：西汉时云梦在湖北潜江西南、监利以北。

③ 阳纡：为秦国苑囿，在今陕西泾阳。

④ 大陆：在今河南获嘉西北。

⑤ 圃田：在今河南中牟西。

【译文】

九薮指的是什么？也就是越国的具区、楚国的云梦、秦国的阳纡、晋国的大陆、郑国的圃田、宋国的孟诸、齐国的海隅、赵国的巨鹿，还有燕国的昭余。

【原文】

何谓八风？东北曰炎风[①]，东方曰条风，东南曰景风[②]，南方曰巨风[③]，西南曰凉风，西方曰飂风[④]，西北曰丽风，北方曰寒风。

【注释】

① 炎风：立春时从东北方向吹来的风。

② 景风：立夏时从东南方吹来的风。

③ 巨风：夏至从南方吹来的炎热的风。

④ 飂风：秋分时从西方吹来的凉风。

【译文】

八风到底是什么？即称为炎风的东北风，称为条风的东风，称为景风的东南风，称为巨风的南风，称作凉风的西南风，称为飂风的西风，称为丽风的西北风，称为寒风的北风。

【原文】

何谓六水？曰：河水[①]、赤水[②]、辽水、黑水、江水[③]、淮水。

【注释】

① 河水：即黄河。

② 赤水：大约在青海湖一带。

③ 江水：长江水。

【译文】

什么是六水？指的是黄河、赤水、辽河、黑河、长江和淮河。

【原文】

阖[①]四海之内，东西二万八千里，南北二万六千里；水道八千里，通谷[②]六，名川六百；陆径三千里。禹乃使太章步自东极，至于西极，二亿三万三千五百里七十五步；使竖亥步自北极，至于南极，二亿三万三千五百里七十五步。凡鸿水渊薮，自三百仞以上，二亿三万三千五百五十里，有九渊[③]。禹乃以息土[④]填洪水，以为名山[⑤]。掘昆仑[⑥]虚以下地，中有增[⑦]城九重，其高万一千里百一十四步二尺六寸。上有木禾[⑧]，其脩五寻[⑨]。珠树、玉树、琁树[⑩]、不死树在其西，沙棠[⑪]、琅玕在其东，绛树在其南，碧树、瑶树在其北。旁有四百四十门，门间四里，里间九纯[⑫]，纯丈五尺。旁有九井玉横[⑬]，维其西北之隅，北门开以内不周之风。倾宫、旋室、县圃、凉风、樊桐在昆仑阊阖之中，是其疏圃。疏圃之池，浸之黄水，黄水三周复其原，是谓丹水，饮之不死。

【注释】

① 阖：合、全。

② 通谷：指很大的山谷。

③ “百仞”“十里”“九渊”：百、里、渊疑为衍文。

④ 息土：能变化增多的土。

⑤ 名山：大山。

⑥ 昆仑：古人以为是神山。

⑦ 增：重叠。

⑧ 木禾：山上生长的谷类植物。

⑨ 五寻：合汉代三十五尺。

⑩ 琁树：美玉之树。

⑪ 沙棠：玉名。

⑫ 九纯：长度名称。

⑬ 九井：九大瀑布。玉横：承接不死药的容器。

【译文】

统计四海之内，东西有二万八千里长，南北二万六千里长；其中水路多达八千里，大峡谷共有六处，大河多达六百条，内陆河差不多是三千条。于是禹派太章沿着东极走到西极，步行测量，长度是二亿三万三千五百里又七十五步；他还派竖亥从北极步行到南极，步行度量，有二亿三万三千五百里又七十五步那么长。他统计大的湖泊和深潭，深度达到三百仞以上的，多达二亿三万三千五百五十九个。禹于是用息土把洪水填塞了，这样就产生了很多大山。禹在动用昆仑山上的土来填平地上的低洼之处时，发现了昆仑山中有重重叠叠的城达九重，城高有一万一千里，城的厚度有一百一十四步二尺六寸。山上有木禾在生长，长度为三十五尺。还有珠树、玉树、琁树、不死树位于木禾的西边，沙棠、琅玕则位于木禾的东边，绛树位于木禾的南边，碧树、瑶树位于木禾的北边。山旁的门多达四百四十道，每门的距离是四里，每门的宽度是九纯，一纯即一丈五尺。门的边上还有用玉做成栏杆的九个深井，围绕在山的西北角。北门大开着是为了接纳不周风。倾宫、旋室、悬圃、凉风、樊桐都位于昆仑山的阊阖门里面，属于昆仑山的疏圃。疏圃里的水来自黄泉里渗透出来的，这种黄水（泉水）绕城三圈后又回到它的源头那里，我们将其称为白水，喝了它就能长生不老。

【原文】

河水出昆仑东北陬[1]，贯[2]渤海，入禹所导积石山。赤水出其东南陬，西南注南海，丹泽[3]之东，赤水之东[4]，弱水出自穷石，至于合黎，余波入于流沙，绝[5]流沙，南至南海。洋水出其西北陬，入于南海羽民[6]之南。凡四水者，帝之神泉，以和百药，以润万物。

【注释】

①陬（zōu）：角落、山脚。

②贯：横穿。

③丹泽：因为靠近丹水，所以称为丹泽。

④赤水之东：王引之认为此句是衍文。

⑤绝：横穿。

⑥羽民：传说中的南方的国名。

【译文】

黄河的发源地是昆仑山的东北山麓，要经过一处大海，还要流过禹所疏导的积石山。赤水的发源地是昆仑山的东南麓，流向西南，最后汇聚到南海的丹泽之东。弱水的发源地是穷石山，经过合黎时，余波滞留在了沙漠，经过沙漠，向南注入南海。洋水的发源地是昆仑山的西北麓，最后流进了南海的羽民国的南面。这四条河，传说都是天帝的神泉，用它们来调和各种药剂，能够滋润万物。

【原文】

昆仑之丘，或①上倍之，是谓凉风之山，登之而不死；或上倍之，是谓悬圃，登之乃灵，能使风雨；或上倍之，乃维上天，登之乃神，是谓太帝之居②。

【注释】

①或：假设。

②居：住所。

【译文】

沿着昆仑山再往上攀登，就到了凉风山了，登上凉风山就能长生不老；接着往上攀登，就看见了悬圃山，攀上悬圃山，就看得见神灵，能够呼风唤雨；再接着攀登，就来到了天庭，能登上天庭，就可以变成天神，那是天帝所居住的场所。

【原文】

扶木[①]在阳州，日之所曊[②]。建木[③]在都广，众帝所自上下，日中无景，呼而无响，盖天地之中也。若木[④]在建木西，末有十日，其华[⑤]照下地。

【注释】

①扶木：即扶桑，日出的地方。

②曊：照耀。

③建木：神木名，木高百仞没有枝条，日中无影，众神由此上下。

④若木：西方神木名。

⑤华：光。

【译文】

扶桑木长在东方的阳州，太阳就是在这里开始照耀天下的。建木位于南方的都广，众天帝就是沿着那里上下天庭的，正午的太阳不会产生影子，呼喊也听不到回音，这就是所谓的天地的正中央。若木位于建木的西边，它的末端有十个太阳，放射出来的光华照耀着大地。

【原文】

九州之大，纯[①]方千里。九州之外，乃有八殥[②]，亦方千里。自东北方曰大泽，曰无通[③]；东方曰大渚[④]，曰少海[⑤]；东南方曰具区，曰元泽[⑥]；南方曰大梦，曰浩泽；西南方曰渚资，曰丹泽；西方曰九区，曰泉泽；西北方曰大夏，曰海泽；北方曰大冥，曰寒泽[⑦]。凡八殥八泽之云[⑧]，是雨九州。

【注释】

①纯：边缘。

② 殡（yín）：远。

③ 大泽、无通：都是湖泽的名字。

④ 大渚：东方海岛。

⑤ 少海：因为东方多水，所以叫少海。

⑥ 元泽：大泽名。

⑦ 大冥、寒泽：北方寒冷的大泽名。

⑧ 云：名称。

【译文】

九州的地域，四周各边达千里。九州之外，还有八殡，它的四周各边都有千里。东北方的是大泽，称为无通；东方的是大渚，称为少海；东南方的是具区，称为元泽；南方的叫作大梦，称为浩泽。西南方的是渚资，称为丹泽；西方的是九区，称为泉泽；西北方的是大夏，叫作海泽；北方的是大冥，叫作寒泽。汶八殡八泽的云气凝聚成雨水滋润着九州。

【原文】

正土[1]之气也，御乎埃天。埃天[2]五百岁生缺，缺[3]五百岁生黄埃，黄埃五百岁生黄澒[4]，黄澒五百岁生黄金[5]，黄金千岁生黄龙，黄龙入藏生黄泉。黄泉之埃，上为黄云。阴阳相薄为雷，激扬为电，上者就下，流水就通，而合于黄海。偏土之气，御乎清天，清天八百岁生青曾，青曾八百岁生青澒，青澒八百岁生青金，青金八百岁生青龙，青龙入藏生青泉，青泉之埃，上为青云。阴阳相薄为雷，激扬为电，上者就下，流水就通，而合于青海。牧土之气，御于赤天，赤天七百岁生赤丹，赤丹七百岁生赤澒，赤澒七百岁生赤金，赤金千岁生赤龙，赤龙入藏生赤泉，赤泉之埃，上为赤云。阴阳相薄为雷，激扬为电，上者就下，流水就通，而合于赤海。弱土之气，御于白天，白天九百岁生白礜，白礜九百岁生白澒，白澒九百岁生白金，白金千岁生白龙，白龙入藏生白泉，白泉之埃，上为白云。阴阳相薄为雷，激扬为电，上者就下，

流水就通，而合于白海。牝土之气，御于玄天，玄天六百岁生玄砥，玄砥六百岁生玄澒，玄澒六百岁生玄金，玄金千岁生玄龙，玄龙入藏生玄泉，玄泉之埃，上为玄云。阴阳相薄为雷，激扬为电，上者就下，流水就通，而合于玄海。

【注释】

①正土、偏土、壮土、弱土、牝土：分别代表五方之土，即中央之土、东方之土、南方之土、西方之土、北方之土。

②埃天、青天、赤天、白天、玄天：指的是五方之土产生的气。

③缺、青曾、赤丹、白礜、玄砥：是秦汉炼丹家常用的矿物石。

④黄澒、青澒、赤澒、白澒、玄澒：指的是不同颜色的“汞”。

⑤黄金、白金、青金、赤金、玄金：指汞与金矿石发生反应，产生不同的颜色。亦说即金、银、铅、铜、铁。

【译文】

中央正土之气升到天空中变成黄色的云气。这种云气经过五百年孕育变成砄石，砄石再经过五百年孕育变化生成黄汞，黄汞再经过五百年孕育变成黄金，黄金再经过一千年才孕育成黄龙，黄龙埋伏于地底下形成黄泉，黄泉的精微气尘蒸发升腾成为黄云。阴气和阳气在交接和逼迫中产生了雷鸣，撞击激烈就产生了闪电，高处的云气和低处的云气相遇，冷热气流相互交汇生成雨水，落到大地，汇集到河流最后流到黄海中。东方偏土的气息上升到天上变成青天的云气，这云气再经过八百年的孕育就变成青曾，青曾再经过八百年的孕育就生成青汞，青汞再经过八百年的孕育就变成铅，铅再需要八百年的孕育就变成青龙，青龙埋伏在地下变成了青泉，青泉的精微气尘往上升腾成为青云。阴气和阳气在相互的压迫下生成了雷鸣，激烈撞击就生成了闪电，高处云气遇到低处的云气，冷热气流相互交接就形成了雨水，落回大地，便汇聚到河流中，最后流进青海。南方的壮土之气升腾到空中，便产生了赤天的云气，这云气再经过七百年的孕育生成赤丹，赤丹再经过七百年的孕育生成赤汞，赤汞经过七百年的孕育生成了红铜，红铜再经过一千年的孕育变成赤龙，赤龙藏进地下变成了赤泉，赤泉的精微气尘蒸发升腾为赤云。阴气和阳气在相互的逼迫中产生了雷鸣，经过激烈的撞击形成了闪电，高处的云气和低处的云气相互侵入，冷热气流相互交汇形成了雨水，再回到大地上，汇聚到河流中，最后奔回到赤海中。西方弱土之气升到空中形成白天的云气，这种云气再需要九百年的孕育就生成了白礜，白礜再需要九百年的孕育就生成了白汞，白汞再经过九百年的孕育生成白银，白银再需要经过一千年的孕育就生成了白龙，白龙潜伏在地下之处形成白泉，白泉的精微气尘向上蒸腾成为白云。阴气和阳气在相互的交接和逼迫中形成雷鸣，经过激烈的撞击形成闪电，高处的云气和低处的云气相互影响，冷热气流在相互的作用中形成雨水，降回大地，汇聚到河流，最后融进白海中。北方牝土之气升到空中形成玄天的云气，这种云气再需要六百年的孕育生成了玄砥，玄砥再经过六百年的孕育就变成了玄汞，玄汞再经过六百年的孕育就生成了黑铁，黑铁再经过一千年的孕育就成了玄龙，玄龙潜到地下形成玄泉，玄泉的精微气尘得到蒸发，升腾到空中成为玄云。阴气和阳气在相互的交接和较量中成为雷鸣，经过激烈撞击就形成了闪电，高处的云气和低处的云气相遇，冷热气流相互接触形成雨水，降落到大地上，再集中到河流中，最后汇融于玄海中。

【评析】

人类对大地的观察和认识，是人类认识自我、认识世界、认识社会的基础，地理学是人类最古老的学问之一，早在《淮南子》之前，我国就有《尚书·禹贡》及《山海经》等地理学著作，积累了丰富的地理学知识。《淮南子》吸收了以往的成果而成《地形训》一文，集中体现了其地理学思想，有丰富的史料价值，是中国古代重要的地理文献。

在《淮南子》全书的结构体系中，本篇是继《天文训》探讨“天”之后，探讨“地”的专论，反映了作者由天及地、由地到人的思维模式。《要略》中写道，“《地形》者，所以穷南北之修，极东西之广，经山陵之形，区川谷之居，明万物之主，知生类之众，列山渊之数，规远近之路，使人通回周备，不可动以物，不可惊以怪者也”，其最终的落脚点还在于“人”，使人广见博闻，不会被各种怪异之物惊扰。

本文以九州为中心，将大地分为九州、八殡、八泽、八极，即它所谓的“天地之间，九州八极”，而“土有九山，山有九塞，泽有九薮，风有八等，水有六品”，宏观地描述了九州的大地势，反映了作者的区域概念。“九州说”由来已久，这是先秦人的一种区划地域概念。在古人的传说中，大地是禹所平定的，而且禹曾划分天下为九区，即所谓“九州”。但九州原本为一空泛的概念，自春秋至战国，随着疆域的拓展，地理观念发生变化，“九州说”逐渐加进了具体的地方制度。但战国晚期，又产生了一种凭空想象而建立的世界观念，邹衍的“大九州说”，是这种观念最为完整的代表。但邹衍之说，后来失传。《淮南子》的“九州说”，不同于《禹贡》等书，不知是否是邹衍所说的大九州。

文中还描述了昆仑仙境的景象，并介绍了古代的两条通天之途。如何登天，以达到人神相通，一直是中国古人的一个梦想。《淮南子》这里记载了两条“通天之途”：一条是经由“建木”，是以木为“天梯”而登天的一种途径，其位置是在南方；另一条，则经由西北的昆仑山，这是中国古代神话中一条著名的登天之途，作者在这里描写的由昆仑登天的过程也很清楚。

此外，作者还介绍了各地的农作物、矿物及其他珍奇物产，指明这些东西同各地地形、土质及气候的关系，涉及自然地理、人文地理及经济地理等诸方面。

对于地与人的关系，作者认为，不同的地理条件，首先为人们提供了不同的生存环境，造成了不同的自然风貌与风土人情。其次，地理环境也决定了人们不同的生理和心理特征。因此，人必须要与地相应，不可违逆自然，这与其对天人关系所持的态度是一致的。

最后，作者还描述了自然界中物质之间生成转化的过程，勾勒了“五土→五气→五种矿物质→五金→五龙→五泉→五云→五海”这样一幅转化图。其中地气上升为云、冷暖空气交锋、成云化雨、雨流入江河、汇集成海这一过程，与现代科学所讲的全球的水循环理论，有相似之处，不无道理。而讲到的矿物质的转化，可能有炼丹术的影子，不尽正确。

时则训

【原文】

孟春之月，招摇[①]指寅，昏参[②]中，旦尾[③]中。其位东方，其日甲乙，盛德在木，其虫鳞[④]，其音角[⑤]，律中[⑥]太蔟，其数八，其味酸，其臭羶[⑦]。其祀户，祭先脾。东风解冻，蛰虫始振苏[⑧]，鱼上负冰，獭祭鱼，候雁北。天子衣青衣，乘苍龙[⑨]，服[⑩]苍玉。建青旗，食麦与羊，服八风水，爨[⑪]其燧火。东宫御女青色衣，青采，鼓琴瑟。其兵矛，其畜羊。朝于青阳左个。以出春令，布德施惠，行庆赏，省徭赋。

【注释】

①招摇：星名，北斗杓端的第七颗星。
②昏：黄昏。参：西方白虎七宿之一。
③尾：东方苍龙七宿之一。
④鳞：即麟虫，鱼龙之属。
⑤角：五音之一，属木。
⑥律：律管。中：应。
⑦臭：气味。羶：五臭之一，羊的气味。
⑧苏：苏醒。
⑨苍龙：八尺以上青色的马。
⑩服：佩戴。
⑪爨（cuàn）：烧火做饭。

【译文】

孟春的正月，招摇星的位置指着十二辰的寅位，黄昏时参星移动到正南方的中天，黎明时尾星处于正南方的中天。那么这个月的方位就是东方，日干用甲乙表示，旺盛的德泽源自木，所属的动物是鳞龙，所代表的音是角音，所代表的律是太蔟，所代表的数是八，所代表的味道是酸味，所代表的气味是羶味。这个月要祭祀的是户神，祭祀时要先放脾脏。温暖的东风把冰冻化解了，冬眠的动物开始活动了，鱼儿在靠近残冰的地方游来游去，水獭开始逮鱼儿吃了，大雁开始返回北方。天子穿上青衣，骑上青龙马，佩戴着青色的玉饰，树立起青色的旗帜，吃的是麦面和羊肉，喝的是八风吹来的露水，做饭的柴草是豆萁，取火用的是阳燧。东宫侍女也穿上青衣，衣裳上面有青色的花纹刺绣，她们弹琴鼓瑟。矛是这个月的代表兵器，这个月的代表家畜是羊。天子在青阳宫的左侧室上朝召见群臣，颁布春季的政令，把德泽恩惠施与百姓，施行吉庆的奖赏，减免徭役和赋税。

【原文】

立春之日，天子亲率三公九卿大夫以迎岁于东郊[①]。修除祠位，币[②]祷鬼神，牺牲用牡[③]。禁伐木，毋覆巢杀胎夭[④]，毋麛[⑤]，毋卵，毋聚众置城郭，掩骼薶骴[⑥]。孟春行夏令，则风雨不时[⑦]，草木早落，国乃有恐；行秋令，则其民大疫，飘风暴雨总至，黎莠蓬蒿[⑧]并兴；行冬令，则水潦为败[⑨]，雨霜大雹，首稼不入。

【注释】

① 三公：西汉时以丞相、御史大夫、太尉为三公。九卿：秦汉以奉常、郎中令、卫尉、太仆、廷尉、典客、宗正、治粟内史、少府为九卿。东郊：指郭外八里的地方。

② 币：指圭璧。

③ 牺牲：古代用于祭祀的牲畜。牡：即雄性。

④ 夭：幼小的动物。

⑤ 麛：小鹿。

⑥ 骼：骨枯叫“骼”。薶：埋。骴：肉腐叫“骴”。

⑦ 时：按时。

⑧ 黎：通“藜”，一种野草。莠：狗尾巴草。蓬：蓬草。蒿：野蒿。

⑨ 潦：雨水大。败：草木杂生的样子。

【译文】

立春这一天，天子会亲自带领三公九卿以及大夫等文武官员前往东郊去迎接春天的降临。还要修整祭坛，清洗神位，为了向鬼神祈求降福又献上圭璧，用雄性的牲畜祭祀。不允许砍伐树木，也不允许捣毁禽鸟的巢穴，更不准许捕杀怀胎的母兽以及尚小的麋鹿，不能偷取禽卵，不许发动民众修筑城墙，把暴露在荒野的尸骨掩埋好。要是在孟春时所施行的政令却是夏季的，那么就会风雨不调，草木早衰，国家则会有恐慌；要是孟春所实施的政令是秋季的，百姓有可能遭受瘟疫之灾，狂风暴雨也会一起降临，各种杂草疯狂生长；要是孟春所实施的政令是冬季的，洪水就会出现，寒霜冰雹也降临，头茬作物就会歉收。

【原文】

正月官司空[①]，其树杨。

【注释】

①司空：掌管工程的官。

【译文】

司空是正月的代表官，其代表树则是杨树。

【原文】

仲春之月，招摇指卯，昏弧[①]中，旦建星[②]中。其位东方，其日甲乙，其虫鳞，其音角，律中夹钟[③]，其数八，其味酸，其臭羶。其祀户，祭先脾。始雨水，桃李始华，苍庚[④]鸣、鹰化为鸠。天子衣青衣，乘苍龙，服苍玉，建青旗，食麦与羊，服八风水，爨萁燧火。东宫御女青色衣，青采，鼓琴瑟。其兵矛，其畜羊。朝于青阳太庙。命有司[⑤]，省囹圄[⑥]，去桎梏[⑦]；毋笞掠[⑧]，止狱讼；养幼小，存孤独，以通句萌[⑨]。择元日令民社。

【注释】

①弧：又叫孤矢，共九颗星，位于天狼星东南。因形似弓，故名。

②建星：在北斗星之上，今称人马座，建星属之。

③夹钟：二月配夹钟，表示万物去阴夹阳，聚地而生。

④苍庚：即黄莺。

⑤有司：主狱之官。

⑥省：赦免。囹圄：监狱。

⑦桎梏：拘束犯人手脚的刑具。

⑧笞掠：鞭打。

⑨句萌：草木出土时，弯的叫句，直的叫萌。

【译文】

仲春二月，招摇星移动到十二辰的卯位，黄昏时弧星出现在正南方的中天，黎明时建星出现在正南方的中天。这个月的方位是东方，用甲乙作为日干，所代表的动物是鳞龙，所代表的音是角音，所代表的律是夹钟，所代表的数是八，所代表的味道是酸味，所代表的气味是膻味。这个月的祭祀是户神，祭祀时最先摆的是属木的脾脏。这时雨水也增多了，桃李张开花苞，黄莺放声啼叫，鹰变成了鸠鸟。天子换上青衣，骑着青龙马，佩戴青色玉饰，张起青色的旗帜，吃的是麦面和羊肉，喝的是八风吹来的露水，煮饭所用的柴草是豆萁，利用阳燧取火。东宫侍女换上青衣，衣裳有着青色花纹的刺绣，开始弹琴鼓瑟。矛是这个月的代表兵器，羊是这个月的代表家畜。天子驾临于青阳宫的中厅上朝接见群臣。命令主管官员把犯罪轻的囚犯释放，解去他们的手铐脚镣；禁止拷打刑罚，止息诉讼和争端；抚养幼儿，收养孤儿和孤老，使得万物在春天都能萌发繁茂。选择好的日子，让百姓对土地神进行祭祀。

【原文】

是月也，日夜分，雷始发声，蛰虫咸动苏。先雷三日，振铎以令于兆[1]民曰："雷且发声，有不戒其容止[2]者，生

子不备[3]，必有凶灾。”令官市[4]同度量，钧衡石[5]，角斗桶[6]，端权概[7]。毋竭川泽，毋漉陂[8]池，毋焚山林，毋作大事[9]以妨农功。祭不用牺牲，用圭璧，更皮币[10]。

【注释】

① 铎：大铃。金口木舌为木铎。金舌为金铎。兆：极多。

② 戒：戒备。容止：言行举止。

③ 不备：不加防备。

④ 官市：官府掌管的市场。

⑤ 钧：平均。衡石：衡量器具。

⑥ 角：均等。桶：容器名。

⑦ 端：平正。权：秤锤叫权。概：刮平斗斛的器具。

⑧ 漉：使干涸。陂：池塘。

⑨ 大事：指征伐、修建、戍边等事。

⑩ 更：代替。皮：指鹿皮。币：指红黑色的丝帛。

【译文】

在这个月当中，春分那天昼夜长短均等，春雷开始轰鸣，冬眠的动物都纷纷苏醒。在预见打雷的前三天，就摇动铎铃告知人们：“雷就要来了，要是谁不注意自己的仪容和举止，所生的小孩肯定是畸形的，一定会有灾祸到来。”并让官府治理市场，将度量的标准实现统一，翻检各种衡量器具是不是达到标准。不要把河川湖泽及池塘内的水放干，不要放火烧山林，不要调集民工去干其他的事情，为的是不耽误春耕春种等农事。祭祀时不一定用牲畜，利用圭璧、鹿皮和帛等来表示就可以了，以保护家畜的繁殖。

【原文】

仲春行秋令，则其国大水，寒气总至，寇戎来征；行冬令，则阳气不胜，麦乃不熟，民多相残；行夏令，则其国大旱，暖气早来，虫螟为害。

【译文】

要是仲春所实施的政令是秋季的，那么国家就会多发生水灾，不断遭受寒潮，敌国的盗寇也会乘机侵袭；要是仲春所实施的政令是冬季的，阳气就不会占上风，麦子不容易熟，百姓就会由于饥荒而互相残杀；要是仲春所实施的政令是夏季的，那么国家多发生大旱，暖湿气流也会早早降临，螟虫会猖狂危害农作物。

【原文】

二月官仓[①]，其树杏。

【注释】

① 官仓：官府要管好粮仓。

【译文】

仓官是二月的代表官，杏树是其代表树。

【原文】

季春之月，招摇指辰，昏七星[①]中，旦牵牛[②]中。其位东方，其日甲乙，其虫鳞，其音角，律中姑洗[③]，其数八，其味酸，其臭膻。其祀户，祭先脾。桐始华，田鼠化为鴽，虹始见，萍始生。天子衣青衣，乘苍龙，服苍玉，建青旗，食麦与羊，服八风水，爨萁燧火。东宫御女青色衣，青采，鼓琴瑟。其兵矛，其畜羊。朝于青阳右个。舟牧覆舟，五覆五反，乃言具于天子，天子乌始乘舟，荐鲔于寝庙[④]，乃为麦祈[⑤]实。

【注释】

① 七星：南方朱雀七宿之一。

② 牵牛：北方玄武七宿之一。

③ 姑：旧、故。洗：新。姑洗：去故就新之意。

④ 荐：进献。鲔（wěi）：今称鲟鱼。寝庙：古代宗庙中寝和庙的合称。

⑤祈：祷告祈求。

【译文】

季春三月，招摇星运行到十二辰的辰位，黄昏时七星出现在正南方的中天，黎明时牵牛星运行到正南方的中天。东方是这个月的方位，用甲乙来作为日干，所代表的动物是鳞龙，所代表的音是角音，所代表的律是姑洗，所代表的数字是八，所代表的味道是酸味，所代表的气味是膻味。这个月要祭祀的是户神，祭祀时要先摆上属木的脾脏。这时梧桐树开始枝叶繁茂，田鼠变化成了鹌鹑，彩虹开始露面，浮萍也开始繁育。天子换上青衣，骑上青龙马，佩戴青色的玉饰，打起青色的旗帜，吃的是麦面和羊肉，喝的是八风吹来的露水，煮饭使用的是豆萁，取火靠阳燧钻取。东宫的侍女换上青衣，衣裳刺绣着青色的花纹，她们弹琴鼓瑟。矛是这个月的代表兵器，羊是这个月的代表家畜。天子莅临青阳宫的右侧室上朝传见群臣。主管船只的官员仔细检查船只，确保不受损害，然后禀告天子船只准备妥当，这时天子才坐上船出发，宗庙祭祀时奉献上鲟鱼，祈求上天保佑麦子等夏粮作物籽实鼓胀。

【原文】

是月也，生气方盛，阳气发泄[①]，句者毕出，萌者尽达，不可以内[②]。天子命有司发囷[③]仓，助贫穷，振乏绝[④]。开府库，出币帛，使诸侯，聘名士，礼贤者。命司空，时雨将降，下水上腾，循行国邑，周[⑤]视原野，修利堤防，导通沟渎[⑥]，达路除道，从国始，至境止。田猎毕弋、罝罘[⑦]罗网，馁毒[⑧]之药，毋出九门[⑨]。乃禁野虞[⑩]，毋伐桑柘。鸣鸠奋其羽，戴鵀于桑，具[⑪]扑曲筥筐。后妃斋戒，东乡亲桑，省妇使，劝蚕事。命五库，令百工，审金铁、皮革、筋角、箭干、脂胶、丹漆，无有不良。择下旬吉日，大合乐，致欢欣。乃合𫘪牛腾马，游牝于牧。令国傩，九门磔攘，以毕春气。行是月令，甘雨至三旬。

【注释】

① 发泄：布散。

② 内：收纳。

③ 囷：圆形的谷仓。

④ 振：救济。乏绝：行而无，资曰乏，居而无食曰绝。

⑤ 周：周遍。

⑥ 渎：河流。

⑦ 罝：捕兽的网。罘（fú）：捕兔的网。

⑧ 喂毒：引诱野兽的食用毒药。

⑨ 九门：古制天子所居的地方有九门。南面三门，三面各二门，共九门。

⑩ 野虞：官名，主管田野及园林。

⑪ 具：准备。

【译文】

在这个月，促使万物生长的阳气处于上位，飘散到各个方位，不管是弯曲的小草还是笔直的树木都是一派蓬勃生机的样子。天子命令官员开仓放粮，使那些贫困百姓得到资助、救济。又命令把财物仓库打开，取出丝帛派使者出使诸侯国，还拜见名士，礼待贤人。任命司空，警告他雨季快要来了，地下水开始上升，一定要巡视大都小镇，省察郊外田野，巩固堤防，疏通沟渠，清除路障，保证都城通往四方的道路没有阻碍。禁止携带打猎用的各种箭及网具、诱毒兽物的药物出城门。同时还下令主管山林农田的官员禁止伐掉桑树、柘树。在此时，斑鸠开始翱翔，戴胜鸟聚集在桑林中，预示着养蚕季节的来临，就需要准备好蚕箔箩筐。然后，后妃经过斋戒后，再亲自去东方采桑叶，省察妇女们的劳作，劝勉她们努力养蚕。又任命掌管各种仓库的官员，监督各种工匠查看金铁、皮革、筋角、箭杆、脂胶、朱砂丹漆等材料是否精良，禁止出现劣质品。选好本月下旬的好日子，让乐师弹奏各种乐器，让百姓欢欢乐乐。这时应该把公牛、公马和母牛、母马混杂在一起放牧。并命令全国的百姓去举行驱赶疫鬼的仪式，驱除妖邪之气，结束春季的时令，在国都九座城门杀掉牲畜来祭神。要是能在本季完成上述的政令，那么在这段时间里，甘雨会按时降落。

【原文】

季春行冬令，则寒气时发，草木皆肃，国有大恐；行夏令，则民多疾疫，时雨不降，山陵不登[①]；行秋令，则天多沉阴[②]，淫雨早降，兵革并起。

【注释】

①登：收成。

②沉阴：云层厚密。

【译文】

要是季春所实施的政令是冬季的，就会出现严寒的气候，草木会变得萧条，国家会有大恐慌；要是季春所实施的政令是夏季的，人民就会遭受疾病瘟疫的折磨，该下的雨也不会降落，山上的植物就不能得以生长；要是季春所实施的政令是秋季的，阴沉的天气就会出现，狂暴的大雨就会提早来到，战祸也会不断。

【原文】

三月官乡[①]，其树李。

【注释】

①乡：乡官，管理乡间事物。

【译文】

乡官是季春三月的代表官，李树是此月代表的树。

【原文】

孟夏之月，招摇指巳，昏翼[①]中，旦婺女[②]中。其位南方，其日丙丁，盛德在火，其虫羽[③]，其音徵，律中仲吕，其数七，其味苦，其臭焦。其祀灶[④]，祭先[⑤]肺。蝼蝈鸣，丘螾出，王瓜[⑥]生，苦菜秀。天子衣赤衣，乘赤骝[⑦]，服赤玉，载赤旗，食菽与鸡，服八风水，爨柘燧火。南宫御女赤色衣，赤采，吹竽笙。其兵戟，其畜鸡，朝于明堂左个[8]。以出夏令。

【注释】

①翼：南方朱雀七宿之一。

②婺（wù）女：也叫须女，北方玄武七宿之一。

③羽：鸟类动物，凤凰为首。

④灶：即灶神。

⑤先：在……之前。

⑥王瓜：即土瓜。

⑦赤骝：赤黑色的骏马。

⑧明堂：古代宣明政教的地方。凡朝会、祭祀、庆典、选士、养老、教学都在这里举行。左个：南向朝东的室。

【译文】

孟夏的四月，招摇星运行到十二辰的巳位，黄昏时翼星出现在正南方的中央，黎明时婺女星出现在正南方的中央。南方是这个月的方位，用丙丁来计算日干，旺盛的德泽源自火，它所代表的动物是长着羽毛的朱雀，所代表的音是徵音，所代表的律是仲吕，所代表的数是七，所代表的味道是苦味，所代表的气味是焦味。这个月所要祭祀的是灶神，祭祀时把肺脏先摆出来。这时蝼蛄也开始鸣叫，蚯蚓露出地面，王瓜也开始生长，苦柴也开花了。天子换上赤红衣，骑着赤骝马，佩戴赤红玉饰，张挂起赤红的旗帜，所吃的是豆类和鸡，所喝的是八风吹来的露水，做饭烧的是柘木，取火用的是阳燧。南宫侍女换上赤红衣，衣裳绣上赤红的花纹，吹奏竽笙。戟代表着这个月的兵器，鸡代表着这个月的家畜。天子登上明堂宫的左侧室朝见群臣，颁布夏季的政令。

【原文】

立夏之日，天子亲率三公九卿大夫以迎岁于南郊。还乃赏赐，封诸侯，修礼乐，飨[1]左右。命太尉，赞[2]杰俊，选贤良[3]，举孝悌[4]。行爵[5]出禄，佐天长养，继修增高，无有隳[⑥]坏。毋兴土功，毋伐大树。令野虞，行田原，劝农事，驱兽畜，勿令害谷。天子以彘尝麦，先荐寝庙。聚畜百药。靡草死。麦秋至。决小罪。断薄刑。

【注释】

①飨（xiǎng）：用酒食招待。

②赞：选拔。

③贤良：品行优秀的贤士。

④孝：孝顺父母为孝。悌：尊敬兄长为悌。

⑤爵：爵位。

⑥隳（huī）：毁坏。

【译文】

立夏这一天，天子亲自带领三公九卿以及大夫等文武官员前往南郊去迎接夏天的降临。等到回来后就论功行赏，分封诸侯，还要有隆重的礼仪，弹奏起高雅的音乐，宴请身边的近臣。任命主管军事的太尉，荐举很有智慧和勇力的人才，选拔品行兼优的贤士，推荐孝敬父母、友爱兄弟的人士。给予他们相应的爵位和赏赐，还给他们发俸禄，让他们辅佐上天化育万物，让万物正常生长，并且不会出现毁坏夭折。禁止兴建土木工程，不能砍伐大树。任命负责田野山林的官员，查看田间原野，鼓励农事，驱赶庄稼地里的野兽和家畜，不让它们伤害作物。天子把吃过新麦的猪献给宗庙里的祖宗神明，让他们降福。存积、采集各种药材。这时靡草已经枯萎了，麦子也就快熟了。那些轻罪犯人，判很轻的刑罚。

【原文】

孟夏行秋令，则苦雨[①]数来，五谷不滋，四邻入保[②]。行冬令，则草木早枯，后乃大水败坏城郭。行春令，则螽蝗为败，暴风来格[③]，秀草不实。

【注释】

① 苦雨：久下成灾的雨。

② 邻：边邑。保：即“堡”，小城。

③ 格：至。

【译文】

要是孟夏所实施的政令是秋季的，就会久雨不停以致成灾，五谷不能正常生长，郊外的百姓就会奔进城里躲难。要是孟夏所实施的政令是冬季的，就会草木早枯，大水冲坏城郭。要是孟夏所实施的政令是春季的，蝗虫为灾会导致庄稼歉收，一旦暴风发生，还会致使正抽穗的庄稼不能结果实。

【原文】

四月官田[①]，其树桃。

【注释】

① 田：官名，主管农事。

【译文】

田官是四月的代表官，桃树是这个月的代表树。

【原文】

仲夏之月，招摇指午，昏亢[①]中，旦危[②]中。其位南方，其日丙丁，其虫羽，其音徵，律中蕤宾[③]，其数七，其味苦，其臭焦。其祀灶，祭先肺。小暑至，螳螂生，鵙始鸣，反舌[④]无声。天子衣赤衣，乘赤骝，服赤玉，载赤旗，食菽与鸡，服八风水，爨柘燧火。南宫御女赤色衣，赤采，吹竽笙。其兵戟，其畜鸡。朝于明堂太庙。命乐师修鞀[⑤]鞞琴瑟管箫，调竽篪[⑥]，饰钟磬，执干戚戈羽。命有司为民祈祀山川百原，大雩帝[⑦]，用盛乐。天子以雏尝黍，羞以含桃[⑧]，先荐寝庙。禁民无刈蓝以染，毋烧灰，毋暴布，门闾无闭，关市无索[⑨]。

挺[10]重囚，益其食，存鳏寡，振死事[11]，游牝别其群，执腾驹，班马政。

【注释】

①亢：东方苍龙七宿之一。

②危：北方玄武七宿之一。

③律中蕤宾：十二月配十二律，五月配蕤宾。这是说“阴气蔵蕤在下象主人也，阴气在上象宾客也，故曰蕤宾”。

④反舌：又叫百舌鸟。

⑤鞀（dōng）：有柄的小鼓。

⑥篪：古管乐器。

⑦雩：旱天求雨的祭祀。帝：天帝。

⑧羞：进献。含桃：即樱桃。

⑨关：关塞。市：市场。索：征税。

⑩挺：缓刑。

⑪振：救济。死事：为国死难之事。这里指为国捐躯的家属。

【译文】

仲夏五月，招摇星位于十二辰的午位，黄昏时亢星出现在正南方的中央，黎明时危星出现在正南方的中央。南方是这个月的代表方位，记录日干用丙丁，这个月的代表物是羽鸟，所代表的音是徵音，所代表的声律是蕤宾，所代表的数是七，所代表的味道是苦味，所代表的气味是焦味。这个月所祭祀的神灵是灶神，祭祀时先摆放属火的肺脏。这时小暑节气就降临了，螳螂得以繁育，布谷鸟开始鸣叫，百舌鸟却闭上嘴巴。天子换上赤红衣，骑着赤红马，佩戴着赤红的玉饰，打着赤红的旗帜，吃的是豆类和鸡，喝的是八风所吹来的露水，做饭烧的是柘木，取火用的是阳燧。南宫侍女换上赤红衣，衣裳绣上赤红的花纹，吹奏起竽笙。戟是这个月所代表的兵器，鸡是这个月所代表的家畜。天子莅临明堂宫的中央厅朝见群臣。任命乐师修理好鞀鼙鼓、琴瑟以及管箫，并调试好竽和篪，把钟和磬装饰好，预备好盾、斧、戈和羽旗。下令主管的官员代百姓向山峰河流和江河源头祈祷，还要举行大雩仪式，用以祭祀天帝，为百姓向神灵祈求赐福降雨，并启用盛大的古代音乐。天子把吃过黍米的小鸡及成熟的樱桃，献给宗庙的祖宗神灵享用。他还颁布禁令，禁止割取还没成熟的蓼蓝作为染料，禁止伐草木烧灰来得到肥料，禁止曝晒葛布使它变得脆裂，巷里大门不要关上，关卡集市不要收缴税赋。减轻重犯的刑罚还给他们增加食物，抚养孤寡老人，救济那些为国牺牲的烈士的家属。把怀孕的母畜和畜群分开，特别喂养，还把马驹套上络头进行调教，还宣布养马的条令。

【原文】

日长至，阴阳争①，死生分。君子斋戒，慎身无躁，节声色，薄滋味，百官静，事无径②，以定晏③阴之所成。鹿角解，蝉始鸣，半夏生，木堇荣。禁民无发火，可以居高明，远眺望，登丘陵，处台榭④。

【注释】

① 阴阳争：阳气开始上升，阴气被压，所以叫“争”。

② 径：急速。

③ 晏：平安。

④ 台榭：积土四方而成的高地叫台，台上加屋为榭。

【译文】

夏至这天的白天是最长的，阴气开始上升，它和正处于旺盛的阳气互相争斗，这使万物的生死界限得以分明。这时的君子应该进行斋戒，让自己谨慎恃身，言行持重，控制声色的欲望，还要饮食清淡，让身体的所有器官处于平和恬静的状态中，办事周密不敷衍，办事舒宽不急躁，这样才能让自己和这阳气阴气相交的季节相适应。同样，鹿角在这时开始脱落，也可以听到蝉鸣，所有的植物在半夏顺应时节生长，木槿树已经开花。提醒老百姓小心火烛，择取高而明亮的地方来居住，并能登上位于山坡土岗上的高台榭屋眺望，来察看云气的变化以预测吉凶。

【原文】

仲夏行冬令，则雹霰[①]伤谷，道路不通，暴兵来至；行春令，则五谷不熟，百螣[②]时起，其国乃饥；行秋令，则草木零落，果实蚤成，民殃于疫。

【注释】

①霰：小雪珠。

②百螣：蝗虫一类的昆虫。

【译文】

如果仲夏所实施的政令是冬季的，那么冰雹霰雪把五谷庄稼砸伤的事就会出现，还会堵塞道路，战乱也会一触即发；要是仲夏所实施的政令是春季的，五谷不会按时成熟，各种虫害也会出现，这时国家要遭受饥荒；要是仲夏所实施的政令是秋季的，草木就会枯萎，果实提早成熟，百姓就要面临瘟疫的祸害。

【原文】

五月官相[①]，其树榆。

【注释】

①相：辅佐的人。

【译文】

相官是这五月的代表官，榆树是这个月的代表树。

【原文】

季夏之月，招摇指未，昏心[①]中，旦奎[②]中。其位中央[③]，其日戊己，盛德在土，其虫蠃，其音宫，律中百钟[④]，其数五，其味甘，其臭香，其祀为雷，祭先心。凉风始至，蟋蟀居奥，鹰乃学习，腐草化为蚈。天子衣苑黄，乘黄骝，服黄玉，建黄旗，食稷与牛，服八风水，爨柘燧火。中宫御女黄色衣，黄采。其兵剑，其畜牛。朝于中宫。乃命渔人伐蛟取鼍，登龟取鼋。令滂人，入材苇。命四监大夫，合百县[⑤]之秩刍，以养牺牲，以共皇天上帝、名山大川、四方之神、宗庙社稷，为民祈福。行惠令，吊死问疾，存[⑥]视长老，行稃鬻，厚席蓐[⑦]，以送万物归也。命妇官染彩，黼黻文章，青黄白黑，莫不质良，以给宗庙之服，必宣以明。

【注释】

① 心：东方苍龙七宿之一。

② 奎：西方白虎七宿之一。

③ 中央：指皇帝所统治的中央地区。

④ 百钟：即林钟。

⑤ 百县：按照周朝制度，天子地方千里，分为百县。

⑥ 存：问候。

⑦ 蓐：草垫子，供埋葬死人用。

【译文】

季夏六月，招摇星运行到十二辰的未位，黄昏时心星出现在正南方的中央，黎明时奎星出现在正南方的中央。中央是这个月的代表方位，记录日干需要用戊己，旺盛的德泽源自土，它所代表的动物是裸虫中的麒麟，所代表的音是宫音，所代表的音律是林钟，所代表的数是五，所代表的味道是甜味，所代表的气味是香味，这个月需要祭祀的神灵是中霤宅神，祭祀时要把属土的心脏放在上面。这时凉风降临，蟋蟀跑到房屋西南角的墙缝里，雏鹰开始学习飞行搏击飞鸟了，萤火虫从腐败的草中得以孵化。天子换上黄衣，骑上黄骝马，佩戴的是黄色玉饰，竖的是黄色的旗帜，吃的是谷类和牛肉，喝的是八风吹来的露水，烧饭使用的柴草是柘木，取火所用的工具是阳燧。中宫侍女换上黄衣，衣裳绣着黄色的花纹。剑是这个月所代表的兵器，牛是这个月所代表的家畜。天子在中宫中朝见群臣。他下令主管渔业的官员把蛟龙捉住，把鼍龙猎取来，还捉拿神龟以及鼋鱼。还下令让掌管池泽的官员把成熟的芦苇收割起来。还下令给四监大夫，让他们把各地方按规定缴纳的饲草汇集在一起，用它们来喂养祭祀所用的牲畜，是为了以后能够用它们来祭奉皇天上帝、名山大川、四方神灵、宗庙社稷，为百姓求神灵福佑。这时还要推行仁慈宽厚的政令，对死者进行哀悼，对丧者进行吊唁，慰问病人，看望长者和老人，广施麸粥，提供荐垫，使万物都有美好的去处。下令妇官让她们染制彩帛，保证各种花纹、各种色彩的布帛质地良好，使在祭祀宗庙时所穿的礼服能够颜色绚烂、色彩鲜亮。

【原文】

是月也，树木方盛，勿敢斩伐。不可以合诸侯。起土功，动众兴兵，必有天殃。土润溽[①]暑，大雨时行，利以杀草粪田畴[②]，以肥土疆[③]。

【注释】

①溽：湿热。

②粪：肥田。田畴：田地。

③土疆：即土地。

【译文】

这个月树木生长繁茂，因此禁止对其斩斫砍伐。不应该召集诸侯。这个月要是大兴土木，动用百姓民力，老天爷会来惩罚他们的。这个季节的土地湿润，温度较高，还会有大雨降临，因此可以割草烧灰来制作肥料，增加土地的肥沃度。

【原文】

季夏行春令，则谷实解落，多风咳[①]，民乃迁徙；行秋令，则丘隰水潦，稼穑不熟，乃多女灾[②]；行冬令，则风寒不时，鹰隼蚤挚[③]，四鄙入保。

【注释】

①咳：咳嗽。

②女灾：指不能生育。

③ 隼：一种凶猛的鸟儿。蚤：通“早”。挚：通“鸷”，击杀鸟。

【译文】

要是季夏所实施的政令是属于春季的，那么谷物的果实很早就会脱落，人也易受风寒出现咳嗽及哮喘等疾病，百姓就要被迫迁徙转移；要是季夏所实施的政令是属于秋季的，那么不管是高地还是洼地都会遭受洪水，庄稼就不能成熟，而且还会出现不少对妇女有害的灾病；要是季夏所实施的政令是属于冬季的，就会使风寒不按时节提早发生，鹰隼也会早早地搏杀禽鸟，四方边远地方的人也会奔进城里谋生。

【原文】

六月官少内[①]，其树梓。

【注释】

① 少内：主管宫中府藏的官员。

【译文】

少内是这六月的代表官，梓树是这个月的代表树。

【原文】

孟秋之月，招摇指申，昏斗[①]中，旦毕[②]中。其位西方，其日庚辛，盛德在金，其虫毛[③]，其音商，律中夷则，其数九，其味辛，其臭腥。其祀门，祭先肝。凉风至，白露降，寒蝉鸣，鹰乃祭鸟，用始行戮。天子衣白衣，乘白骆，服白玉，建白旗，食麻[④]与犬，服八风水，爨柘燧火。西宫御女白色衣，白采，撞白钟。其兵戈，其畜犬。朝于总章[⑤]左个。以出秋令，求不孝不悌、戮暴傲悍[⑥]而罚之，以助损气。

【注释】

① 斗：北方玄武七宿之一。

② 毕：西方白虎七宿之一。

③ 毛：指兽类，虎为首。

④ 麻：即糜子。

⑤ 总章：西向的堂。

⑥ 戮暴：即残暴。傲悍：傲慢、凶悍。

【译文】

孟秋七月，招摇星运行到十二辰的申位，黄昏时斗宿出现在正南方的中央，黎明时毕宿出现在正南方的中央。这个月的代表方位是西方，用庚辛来记录日干，旺盛的德泽源自金，它所代表的动物是有毛的老虎，所代表的音是商音，所代表的律是夷则，所代表的数是九，所代表的味道是辛味，所代表的气味是腥味。这个月需要祭祀的神灵是门神，祭祀时把肝脏先摆上。这时凉风已经开始刮起来了，白露降临到大地上，寒蝉还在鸣叫，老鹰开始捕杀鸟雀，为了顺应这个季节的秋气而开始杀戮刑罚。天子穿上白衣，骑着白骆马，佩戴白色玉饰，张挂起白色的旗帜，吃的是糜子和狗肉，喝的是八风吹来的露水，烧饭的柴火是柘木，用阳燧生火。西宫侍女换上白衣，穿着绣有白色花纹的衣裳，敲响白钟。戈是这个月的代表兵器，狗是这个月的代表家畜。天子在总章宫左侧室上朝召见大臣。颁布秋季的政令，还对那些不孝父母、不敬兄长、凶残蛮横的人进行严惩，彰显秋天的刑杀之气。

【原文】

立秋之日，天子亲率三公九卿大夫以迎秋于西郊。还乃赏军率武人于朝。命将率，选卒厉①兵，简练桀②俊，专任有功，以征不义，诘诛暴慢③，顺彼四方。命有司修法制，缮④囹圄，禁奸塞邪，审决⑤狱，平⑥词讼。天地始肃，不可以赢⑦。是月农始升谷，天子尝新，先荐寝庙。命百官始收敛，完堤防、谨障塞以备水潦，修城郭，缮宫室。毋以封侯，立大官，行重币，出大使。行是月令，凉风至三旬。

【注释】

①厉：磨砺。

②简练：精心训练。桀：通“杰”。

③诘：查办。暴慢：残暴傲慢。

④缮：修理。

⑤决：断。

⑥平：处理。

⑦羸：舒缓。

【译文】

立秋的当天，天子带领着三公九卿和大夫等文武百官前往西郊去迎接秋天的降临。等回师之后便在朝廷对勇武有功的官兵进行奖赏。还下令将帅们挑选精悍的士兵，磨砺兵器，挑选出在训练中表现杰出的将士，任用有才有功的人员前往讨杀那些不义的诸侯，对那些凶暴蛮横的人加以惩治，使四方天下得以安定。下令主管官员制定严格的法律制度，维修牢房，堵塞奸邪，办理案件，调节诉讼。这时的秋季到处都充斥着肃杀收敛的时令，因此禁止有邪气霸道的现象出现。农夫从这个月起开始收割庄稼，天子还要把新谷进献给宗庙中的祖宗神灵。督促各级官员积极征收赋税，巩固堤防、兴修水利预防水患；修缮城墙和宫室；禁止割地封侯、官员的任命、重赏的施行及使节的派出。这个季节要是这些政令能够得以实施，那么凉风也就会不时出现。

【原文】

孟秋行冬令，则阴气大胜，介[①]虫败谷，戎兵乃来；行春令，则其国乃旱，阳气复还，五谷无实；行夏令，则冬多火灾，寒暑不节，民多疟疾。

【注释】

①介：甲壳。

【译文】

要是孟秋所实施的政令是冬季的，那么阴气就会旺盛起来，甲壳动物就会有害于谷物庄稼，敌兵也会前来侵犯；要是孟秋所实施的政令是春季的，国家就会出现旱灾，阳气还会复活，五谷结不了果实；要是孟秋所实施的政令是夏季的，到了冬天火灾就会多发。寒暑不协调，百姓多发疟疾。

【原文】

七月官库[1]，其树楝。

【注释】

① 库：指掌管兵库的官。

【译文】

库官是七月的代表官，楝树是这个月的代表树。

【原文】

仲秋之月，招摇指酉，昏牵牛中，旦觜嶲[1]中。其位西方，其日庚辛，其虫毛，其音商，律中南吕，其数九，其味辛，其臭腥，其祀门，祭先肝。凉风至，候雁来，玄鸟[2]归，群鸟翔。天子衣白衣，乘白骆，服白玉，建白旗，食麻与犬，服八风水，爨柘燧火。西宫御女白色衣，白采，撞白钟。其兵戈，其畜犬。朝于总章太庙[3]。命有司申严百刑，斩杀必当，无或枉挠[4]。决狱不当，反受其殃。

【注释】

① 觜嶲：西方白虎七宿之一。

② 玄鸟：即燕子。

③ 总章太庙：西向堂中央室。

④ 枉：违法曲断为枉。挠：有理不申为挠。

【译文】

仲秋八月，招摇星运行到十二辰的酉位，黄昏时牵牛星出现在正南方的中央，黎明时觜巂星出现在正南方的中央。西方是这个月的代表方位，用庚辛来记录日干，它代表的动物是有毛的白虎，所代表的音是商音，所代表的律是南吕，所代表的数是九，它所代表的味道是辛味，所代表的气味是腥味。这个月所要祭祀的神灵是门神，祭祀时把属金的肝脏摆在上面。这时凉风不断吹来，候雁飞回来了，燕子往南飞，群鸟由于气候的寒冷而长出羽毛在空中翱翔。天子在这时穿上白衣，骑上白骆马，佩戴白色的玉饰，挂起白色的旗帜，吃的是黍类和狗肉，喝的是八风吹来的露水，做饭烧的是柘木，靠阳燧来生火。西宫侍女换上白衣，穿上绣有白色花纹的衣裳，敲响白钟。这个月的代表兵器是戈，狗是这个月的代表家畜。天子在总章宫正厅召见群臣。下令给主管刑法的官员，让他们严格执行各种刑律，处死犯人务必要恰当，要有事实依据，不允许有一点儿冤屈。要是不合事实、处理不当地去判决案件，那么会受到上天的惩罚。

【原文】

是月也，养长老，授几杖①，行稃鬻饮食。乃命宰②祝行牺牲，案③刍豢，视肥臞全④粹，察物⑤色，课比类⑥，量小大，视少长，莫不中度。天子乃傩⑦，以御秋气。以犬尝麻，先荐寝庙。是月可以筑城郭，建都邑，穿窦⑧窖，修困仓。乃命有司趣⑨民收敛畜采，多积聚，劝种宿麦，若或失时，行罪无疑。是月也，雷乃始收，蛰虫陪⑩户，杀气浸盛，阳气日衰，水始涸，日夜分。壹度量，平权衡，正钧石，角斗称，理关市，来商旅，入货财，以便民事。四方来集，远乡皆至，财物不匮，上无乏用，百事乃遂。

【注释】

① 几：案几。杖：手杖。

② 宰：掌管祭祀所用牲畜的人。

③ 案：查看。

④ 臞：瘦。全：无亏缺。

⑤ 物：通“毛”，毛色。

⑥ 课：考核。比类：同类。

⑦ 傩（nuó）：驱除鬼魔。

⑧ 穿：凿。窦：藏东西的地穴。

⑨ 趣：通“促”，督促。

⑩ 陪：依附。

【译文】

这个月里要善待老人，把用得着的几案和手杖赐给他们，还要广施麸粥，确保他们的饮食。还要任命主管祭祀的官员，仔细查看那些准备用来祭祀的牲畜，看它们的肥瘦是不是恰当，有没有残缺，毛色是否纯一，体形是否符合等级类别，重量齿龄是不是达到了标准。天子还要执行驱赶瘟疫的仪式，来抵挡秋天的阴气，还要把品尝过黍子的狗奉献给宗庙的祖宗神灵。在这段时间里可以修筑城郭，修建都邑，疏浚水道和挖掘地窖，筑造各种粮仓。又下令官员监督百姓搞好收割、储藏、畜养和采摘等农活儿，慢慢收藏并勉励百姓种好越冬的麦子，要是这时候把农时给耽误了，要定罪处置。在这个月里，雷鸣也快消失了，冬眠动物已经开始挖过冬的洞穴了，肃杀的阴气逐渐占据上风，阳气逐渐趋于衰竭，江河水资源也已经干枯，秋分日昼夜长短一样。要统一度量标准，查看衡器，还要统一重量标准和各种容器，治理关卡集市，保证客商交易和来往自由，相互交换，使百姓的生活得到方便。这样，四面八方的人全都集中到这里，他们随身所带来的财物使市场得以丰富，人不因为物品的缺乏而困扰，各种事情也就顺心了。

【原文】

仲秋行春令，则秋雨不降，草木生荣，国有大恐；行夏令，则其国乃旱，蛰虫不藏，五谷皆复生；行冬令，则风灾数起，收雷先行，草木早死。

【译文】

要是仲秋所实施的政令是春季的，那么秋雨就会缺乏，草木反倒疯狂生长，这时国家就会出现极大恐慌；要是仲秋所实施的政令是夏季的，国家就会出现旱灾，那些应该蛰伏的蛇虫提前跑出来，五谷再生新苗；要是仲秋所实施的政令是冬季的，就会时常发生风灾，雷鸣也会提早消失，草木早衰。

【原文】

八月官尉①，其树柘。

【注释】

① 官尉：掌管军事的官员。

【译文】

尉官是八月的代表官，柘树是这个月的代表树。

【原文】

季秋之月，招摇指戌，昏虚①中，旦柳②中。其位西方，其日庚辛，其虫毛，其音商，律中无射，其数九，其味辛，其臭腥。其祀门，祭先肝。候雁来，宾雀入大水为蛤，菊有黄华，豺乃祭兽戮禽。天子衣白衣，乘白骆，服白玉，建白旗，食麻与犬，服八风水，爨柘燧火。西宫御女白色衣，白采，撞白钟。其兵戈，其畜犬。朝于总章右个③。命有司申严号令，百官贵贱，无不务入，以会天地之藏，无有宣④出。乃命冢宰⑤，农事备收，举五谷之要⑥，藏帝籍⑦之收于神仓。

【注释】

① 虚：北方玄武七宿之一。

② 柳：南方朱雀七宿之一。

③ 右个：北头室。

④ 宣：散布。

⑤ 冢宰：古代官名，主治众事，辅佐天子，类似宰相。

⑥ 举：建立。要：会计、簿书。

⑦ 籍：户籍。

【译文】

季秋九月，招摇星运行到十二辰的戌位，黄昏时虚星出现在正南方的中央，黎明时柳星出现在正南方的中央。西方是这个月的代表方位，日干用庚辛来记录，它所代表的动物是毛类的白虎，所代表的音是商音，所代表的音律是无射，所代表的数字是九，所代表的味道是辛味，所代表的气味是腥味。这个月需要祭祀的神灵是门神，祭祀时要先把属金的肝脏摆在上面。这时候雁全都飞来客居，小家雀进入大海变成了蛤蜊，菊开出金澄澄的花朵，豺也开始捕捉小的飞禽和走兽。天子换上白衣，骑上白骆马，佩戴着白色的玉饰，挂起白色的旗帜，吃的是黍类和狗肉，喝的是八风吹来的露水，做饭用的是柘木，依靠阳燧来生火。西宫的侍女换上白衣，穿上绣有白色花纹的衣裳，敲响白钟。戈是这个月的代表兵器，狗是这个月的代表家畜。天子在总章宫右侧室朝见群臣。下令给主管官员，严格号令，各级官员不分级别的高低，一定把收敛纳藏作为头等大事，为了适合秋季肃杀闭藏万物的宗旨，不能有所外泄。还传令给冢宰，等到农事一完事，务必对五谷收成情况和记入账簿的情况进行记载，将天子籍田的收入隐藏在神仓之中。

【原文】

是月也，霜始降，百工休。乃命有司曰：寒气总[①]至，民力不堪，其皆入室。上丁入学习吹[②]。大飨帝，尝牺牲。合诸侯，制[③]百县，为来岁受朔日[④]，与诸侯所税于民，轻重之法，贡岁之数，以远近土地所宜为度[⑤]。乃教于田猎，以习五戎[⑥]。命太仆及七驺咸驾戴荏[⑦]，授车以级，皆正设于屏外。司徒搢朴[⑧]北向以赞之。天子乃厉服广饰[⑨]，执弓操矢以猎，命主祠祭禽四方。是月草木黄落，乃伐薪为炭。蛰虫咸俯。乃趋狱刑，毋留有罪，收禄秩[⑩]之不当、供养之不宜者。通路除道，从境始，至国而后已。是月天子乃以犬尝麻，先荐寝庙。季秋行夏令，则其国大水，冬藏殃败，民多鼽窒[11]；行冬令，则国多盗贼，边竟不宁，土地分裂；行春令，则暖风来至，民气解隋[12]，师旅并兴。

【注释】

①总：汇聚。

②上丁：这个月的上旬丁日。学：学宫。习：指习礼乐。吹：指学吹竽笙。

③制：规定。

④朔日：即农历每月初一。秦朝以十月为岁首，所以秋季就要考虑明年的事情。

⑤度：标准。

⑥五戎：即五种兵器：刀、剑、矛、戟、矢。

⑦戴茬：即插着旌旗。

⑧司徒：主管教导众人的官员。搢：插。朴：马鞭。

⑨厉服：猛厉的军服。广饰：饰物。

⑩禄秩：俸禄官爵。

⑪鼽（qiú）窒：鼻塞不通。

⑫隋：通“惰”。

【译文】

在这个月，霜降到来了，各种工匠都该停下工作。下令给有关的官员：明确告诉百姓寒冷的气流快要到了，这样的寒冷是百姓们受不了的，应该待在室内避寒。在这个月的上旬丁日还要发动群众进宫学习、练习吹奏竽笙等事。祭祀上天的仪式在这一天举行，还要给上天奉献牺牲。号令诸侯，规定百县的各种制度，颁定来年各月的朔日，还要明确各诸侯国税收及进贡朝廷物品的数量，一切都要依据这些诸侯国所处地域的远近和土质肥瘠的情况而定。还要教授百姓田猎，让他们会使用各种兵器。还要下令给太仆和七驺都准备好猎车，插好各种旗帜，天子依据等级的不同发给下属，然后让他们整齐划一地列队在天子营帐屏风的外面。

这时腰插鞭杖的司徒官，面朝北训诫众官，让他们遵守田猎规定。然后天子一身戎装还佩戴上打猎所需的饰物，手里拿着弓箭开始打猎，打完猎后天子下令给主祠官员，让他们把所猎取的禽兽祭祀给四方神灵。这个月草木开始枯黄凋零，这时允许砍伐树木烧制木炭。蛰虫也开始蛰伏冬眠。于是督促判决刑案，不要留下应该杀掉的人，没收那些不属于俸禄者的俸禄，取消那些不属于供养待遇者的待遇。疏通道路，方便从边境到京都，确保这些道路都能畅通无阻。在这个月里，天子还要把吃过黍类的狗供奉给宗庙中的神灵。要是季秋所实施的政令是夏季的话，国家多发洪水，原本准备贮藏过冬的物品就会很快腐烂，百姓容易患鼻阻塞的疾病；要是季秋所实施的政令是冬天的话，国内多发盗窃现象，边境也无法安宁，国土就会遭到瓜分；要是季秋所实施的政令是春季的话，就会一直刮来暖气温风，百姓被吹得志气丧失甚至慵懒，战争也会发生。

【原文】

九月官候[①]，其树槐。

【注释】

① 官候：官名，负责迎送宾客、守备候望等。

【译文】

候官是九月的代表官，槐树是这个月的代表树。

【原文】

孟冬之月，招摇指亥，昏危[①]中，旦七星[②]中。其位北方，其日壬癸，盛德在水，其虫介，其音羽，律中应钟，其数六，其味咸，其臭腐[③]。其祀井[④]，祭先肾。水始冰，地始冻，雉入大水为蜃[⑤]，虹藏不见。天子衣黑衣，乘玄骊[⑥]，服玄玉，建玄旗，食黍与彘，服八风水，爨松燧火。北宫御女黑色衣，黑采，击磬石。其兵铩[⑦]，其畜彘。朝于玄堂左个，以出冬

令。命有司修群禁[⑧]，禁外徙，闭门闾，大搜客[⑨]，断罚刑，杀当罪，阿上乱法者诛。

【注释】

①危：北方玄武七宿之一。

②七星：南方朱雀七宿之一。

③腐：腐朽的气味。

④井：当作“行”，门内的地方。

⑤蜃：大蛤蜊。

⑥玄骊：黑色的马。

⑦铩（shā）：一种长刃矛。

⑧群禁：种类繁多的禁忌。

⑨搜客：指搜索奸佞的人。

【译文】

孟冬十月，招摇星运行到十二辰的亥位，黄昏时危星出现在正南方的中央，黎明时七星出现在正南方的中央。北方是这个月的代表方位，日干所采用的是壬癸，旺盛的德泽源自水，这个月所代表的动物是甲壳类的神龟，所代表的音是羽音，所代表的律是应钟，所代表的数是六，所代表的味道是咸味，所代表的气味是腐朽味。这个月需要祭祀的神灵是井神，祭祀时把肾脏先摆在上面。这时的水开始结冰，大地也已经封冻，雉鸟飞进江河变成蛤蜊，霓虹也已经隐蔽起来不露面。天子换上黑衣，骑着玄骊马，佩戴黑色玉饰，张挂起黑色的旗帜，吃的是黍和猪肉，喝的是八风吹来的露水，烧饭使用的柴草是松木，利用阳燧取火。北宫的侍女穿上黑衣，换上绣有黑色花纹的衣裳，敲打起磬石。铩是这个月的代表兵器，猪是这个月的代表家畜。天子在玄堂宫左侧室召见群臣，宣布冬季的政令。下令主管官员，推行各种禁令，杜绝居民外流迁徙，紧闭城门和里门，竭尽全力搜查外来的流动人员，处决罪犯并执行刑罚，处决那些犯重罪的死刑犯，严惩迎合上司、扰乱法度的人。

【原文】

立冬之日，天子亲率三公九卿大夫以迎岁于北郊。还乃赏死事[①]，存孤寡。是月命太祝祷祀神位，占龟策，审卦[②]兆，以察吉凶。于是天子始裘，命百官谨盖藏，命司徒行积聚，修城郭，警门闾，修楗闭，慎管籥[③]，固封玺[④]，修边境，完要塞，绝蹊径，饬丧纪[⑤]，审棺椁衣衾之薄厚，营丘垅[⑥]之小大高庳，使贵贱卑尊各有等级。是月也，工师效功，陈祭器，案度呈[⑦]，坚致[⑧]为上。工事苦慢，作为淫巧[⑨]，必行其罪。是月也，大饮蒸[⑩]。天子祈来年于天宗，大祷祭于公社，毕，飨先祖。劳农夫以休息之。命将率讲武，肄[⑪]射御，角力[⑫]劲。乃命水虞、渔师收水泉池泽之赋，毋或侵牟。

【注释】

① 死事：为国事牺牲的人。

② 卦：即卦象。

③ 籥（yùe）：假借为“鑰”，钥匙之古称。

④ 固：牢固。封玺：印封。

⑤ 饬：整治。丧纪：服丧的礼数。

⑥ 营：度量。丘：坟墓。垅：坟冢。

⑦ 案：查看。呈：法式。

⑧ 坚致：坚固细密。

⑨ 淫巧：过分奇巧。

⑩ 蒸：冬季的祭祀。

⑪ 肄：研习。

⑫ 角力：比武、比试。

【译文】

在立冬那天，天子亲自带领三公九卿还有大夫等文武百官前往北郊，在那里去迎接即将来临的冬天。返回宫后，就对那些为国事献身的烈士的家属进行奖赏，抚恤孤儿寡妇。在这个月里，传令给太祝，让他们负责祈祷、祭祀神灵，还用龟和蓍草进行卜筮，察看卦象来预测凶吉。这时天子开始换上皮裘，下令百官要细心地贮存好过冬的物品，还让司徒查看财物积聚的情况，维修城墙，加强城门的警戒力量，把门闩插销修理好，把锁匙保管好，紧固印封，治理边境，筑好要塞，堵塞旁径小道，修订丧事规则，审定内、外棺椁以及随葬衣被的厚薄，勘测坟墓的大小及高低，保证它们的规格符合贵贱尊卑的不同等级。在这个月，负责工匠的官员，要对工匠们的工作成效进行考核，把所制作的祭器摆放出来，并检验其规格质量，将坚固精致的评定为上品。要是工匠的制作粗劣草率、质量很次，或者过分奇巧、华而不实的话，务必追究他们的责任。在这个月中，所要举行的盛大的祭祀是蒸祭。天子向各路天神祈求降下来年的福祉，他还要在公共祭坛举行隆重的祭奠，先祭祀天地神灵，再祭祀祖宗。还要慰劳农夫，使他们在勤劳一年后能得到休养。命令将领练习武艺，练习射箭和驾御车马，比试武艺、力量。还责命水虞、渔师，让他们负责河流湖泽池塘的赋税，并禁止在收税过程中出现贪污侵占的现象。

【原文】

仲冬之月，招摇指子，昏壁中，旦轸①中。其位北方，其日壬癸，其虫介，其音羽，律中黄钟，其数六，其味咸，其臭腐。其祀井，祭先肾。冰益壮，地始坼②，鳱鴠③不鸣，虎始交④。天子衣黑衣，乘铁骊⑤，服玄玉，建玄旗，食黍与彘，服八风水，爨松燧火。北宫御女黑色衣，黑采，击磬石。其兵铩，其畜彘。朝于玄堂太庙⑥。命有司曰：土事⑦无作，无发室居及起大众，是谓发天地之藏，诸蛰则死，民必疾疫，有随以丧。急捕盗贼，诛淫泆⑧诈伪之人。命曰畅月。命奄尹⑨申宫令，审门闾，谨房室，必重闭，省妇事。乃命大酋，秫稻必齐，麴糵必时，湛熺必洁，水泉必香，陶器必良，火齐必得，无有差忒。天子乃命有司祀四海大川名泽。

【注释】

①轸（zhěn）：南方朱雀七宿之一。

② 坼：裂开。

③ 鳱鴠：一种山鸟。

④ 交：交配。

⑤ 铁骊：黑马。

⑥ 玄堂太庙：北向堂中央室。

⑦ 土事：指建筑工程。

⑧ 淫泆：邪恶、放纵的人。

⑨ 奄尹：主管宫中内务的官。

【译文】

仲冬十一月，招摇星运行到十二辰的子位，黄昏时壁星出现在正南方的中央，黎明时轸星出现在正南方的中央。北方是这个月的代表方位，记录日干所用的是壬癸，这个月所代表的动物是甲壳类的神龟，所代表的音是羽音，所代表的律是黄钟，所代表的数是六，所代表的味道是咸味，所代表的气味是腐朽味。这个月需要祭祀的神灵是井神，祭祀时要把属水的肾脏摆放上去。这时冰更加坚硬，大地也开始冻裂了，鳱鴠鸟也停止了鸣叫，老虎也开始交配了。天子换上黑衣，骑着铁骊马，佩戴黑色玉饰，张挂起黑色旗帜，吃的是黍和猪肉，喝的是八风吹来的露水，烧饭所用的木柴是松木，利用阳燧取火。北宫侍女换上黑衣，穿上绣有黑色花纹的衣裳，敲击起磬石。铩是这个月的代表兵器，猪是这个月的代表家畜。天子登上玄堂宫正厅接见群臣。下令给有关的官员：让他们不要开始土木工程，不要打开家里的地窖，更不能调用民众服劳役，要是大兴土木、打开地窖的话，就有违于这时天地闭藏的法度，就会引起各种冬眠动物的死亡，百姓也会得传染病，还会发生丧事。这时应坚决追捕盗贼，严惩诛伐那些伪诈奸佞的小人。因为这些，所以本月就被称为“畅月”。还传令给阉官的头目，重申宫中的禁令，挨门查看宫中的各种门户，小心看护宫中各种房室，宫中门户都按一定的时间关闭，杜绝妃嫔宫女引起的一些麻烦事。还下令给掌管酿酒的官员，一定要备齐酿酒用的秫和稻谷，必须适时投放酒曲，一定保证浸泡蒸煮的器具的清洁，酿酒用水一定要清香，陶瓦器具务必要精良，火候务必做到恰到好处，所有这些都必须按照规定去做，不得有差错。天子还命令主管祭祀的官员，在这时候要祭祀天下所有的大河名川和名泽。

【评析】

《时则训》是紧承天文、地形之后，专门讲天时的。所谓“时”，指的是季节，“则”即法则。“时则”，即四时运行的变化规律，以及主政者顺应时节应该施行的法令。本章的用意在于使统治者“因循仿依，以知祸福，操舍开塞，各有龙忌，发号施令，以时教期，使君人者知所以从事”。《时则训》与《吕氏春秋》的“十二纪”、《礼记·月令》《逸周书·时则》等，多有相同之处，《淮南子》当是吸收以往的这些成果，并结合了汉代的社会实际而撰成此文。

中国古代一直以农为本，人们很早就注意到农业生产中天时、地利的问题。《管子·四时》就指出了“为政知时”的重要性，认为“不知四时，乃失国之基”。战国时代，对事关农业生产三大要素的天、地、人及其相关理论的研究，达到一个很高的水平，孟子、荀子等对此都有十分精辟的论述。《吕氏春秋·审时》对三者关系进行了理论概括，认为“夫稼，为之者人也，生之者地也，养之者天也”，为研究和发展农业生产力指明了方向。可以说，先秦时代，由于生产力水平低下，生产工具相对简单，天时、地利在农业生产中占有突出地位，所以，表现出一种顺应天时、利用地利的思想，强调与自然的和谐，这是时代特点决定的，有其历史的原因。从所选“孟春”及“季夏”两季的内容看，它所讲到的该月的天象、物候以及应该施行的政令、农事等，与自然界四季变化的规律相适应，大多有一定的道理，反映了古人对自然现象观察的周密细致，是农业文明的典型表现，不能全视为无稽之谈。当然，其所言天象与人事之间的联系，不免牵强附会。

《时则训》中的主要内容就是讲十二个月的月令。各个月的月令，内容虽然各异，但其中贯穿的“顺天而行，莫违天时”的精神，是一致的，所以，这里只选取两节。此外，《时则训》讲到了“四至”“六合”

及“制度”，这是《吕氏春秋》等书所没有的，这里也一并选入。

介绍“五位”的这段文字，论述了空间（五位：即东、西、南、北、中）与政令的配合问题，其中交叉着时间，似乎是作者对十二月令的一种补充。从中可以看出，作者有较强的空间意识。值得注意的是，这段文字讲到的地域四至，与《史记·秦始皇本纪》所记秦的情形很有些相似。《秦始皇本纪》云：“地东至海暨朝鲜，西至临洮、羌中，南至北向户，北据河为塞，并阴山至辽东。”《淮南子》所根据的，很有可能是秦时的疆域情况，或者这一内容在秦时即已形成。

另外，文中讲到的“六合”及“六度”，体现了万物相应的思想。“六合”，将十二月两两相合，成为六组，一、三、五月对七、九、十一月，二、四、六月对八、十、十二月，实则是春与秋、夏与冬的对应，体现出气候中阴与阳的对应。“六度”，将天地四季与“绳”“准”“规”“衡”“矩”“权”等六度相配，以“六度”本身的特点，比喻天地四季的特征，并以之作为行政准则。

兵略训

【原文】

古之用兵，非利土壤之广而贪金玉之略[①]，将以存亡继绝，平天下之乱，而除万民之害也。凡有血气之虫，含牙带角，前爪后距[②]。有角者触，有齿者噬，有毒者螫，有蹄者趹[③]。喜而相戏，怒而相害，天之性也，人有衣食之情，而物弗能足也，故群居杂处，分不均，求不赡，则争。争，则强胁弱而勇侵怯。人无筋骨之强，爪牙之利，故割革而为甲，铄铁而为刃。贪昧[④]饕餮之人，残贼天下，万人慅动，莫宁其所有。有圣人勃然而起，乃讨强暴，平乱世，夷险除秽，以浊为清，以危为宁，故不得不中绝。兵之所由来者远矣！黄帝尝与炎帝战矣，颛顼尝与共工争矣。故黄帝战于涿鹿之野，尧战于丹水之浦，舜伐有苗，启攻有扈。自五帝而弗能偃[⑤]也，又况衰世乎！

【注释】

① 略：通“掠”，夺取。

② 距：鸡脚后面长得像脚趾一样的凸起。

③ 趹：踢。

④ 贪昧：贪财好利。

⑤ 偃：平息。

【译文】

古时候人之所以拥有兵力，不是想着扩大地域，也不是想着要获取金玉财宝，而是为了存亡继绝，平息天下暴乱，为百姓铲除祸害。对有生命的动物来说，有的嘴巴长出牙齿，有的头上生出犄角，有的脚上长着前爪后距。长着犄角的会利用角触撞，长着牙齿的会利用牙噬咬，长着毒刺的会利用刺螫，长着蹄脚的会利用蹄踢打。这些动物高兴起来可以在一起玩耍，发起怒来会相互残杀，这都是出于天性。人类有穿衣吃饭的欲望的本能，可是物资不能满足人的需求，于是人类开始相聚杂处，但是不能均匀分配，欲望得不到满足，于是争斗就发生了。争斗时，强壮的就威胁弱小的，勇猛的就欺侮胆小的。但人类没有锋牙利爪和强壮的筋骨，于是就把兽皮做成甲胄，把金属打造成刀枪。贪财又残暴的人就开始残害天下百姓，扰乱人民，让他们不得安宁。这时圣人挺身而出，讨伐强暴，平定乱世，铲除奸恶，平定混乱，把混浊变得清平，转危为安，因此那些残暴之徒不得不停止作恶。战争的历史很长了！黄帝就曾经和炎帝打过仗，颛顼还和共工争斗过。黄帝于涿鹿之野大败蚩尤，尧帝在丹水之浦把楚伯平定，舜帝征讨忤逆的有苗，夏启对不服的有扈发动战争。这说明战争即使在五帝时代都是一直延续的，更别提衰乱的时代了。

【原文】

夫兵者，所以禁暴讨乱也。炎帝为火灾，故黄帝擒之；共工为水害，故颛顼诛之。教之以道，导[1]之以德而不听，则临之以威武。临之威武而不从，则制[2]之以兵革。故圣人之用兵也，若栉发耨苗[3]，所去者少，而所利者多。杀无罪之民，而养无义之君，害莫大焉；殚天下之财，而赡[4]一人之欲，祸莫深焉。使夏桀、殷纣有害于民而立被其患，不至于为炮烙；晋厉、宋康行一不义而身死国亡，不至于侵夺为暴。此四君者，皆有小过而莫之讨也，故至于攘天下，害百姓。肆一人之邪，而长海内之祸，此大论[5]之所不取也。所为立君者，以禁暴讨乱也，今乘万民之力，而反为残贼，是为虎傅[6]翼，曷为弗除！夫畜池鱼者必去猵獭，养禽兽者必去豺狼，又况治人乎！

【注释】

① 导：劝导。

② 制：制伏。

③ 栉（zhì）发：梳理头发。耨苗：除草。

④ 赡：满足。

⑤ 大论：大的道义。

⑥ 傅：增加。

【译文】

战争的目的是制止凶暴和讨伐祸乱。炎帝酿成了火灾，因此被黄帝擒获；共工酿成水患，因此颛顼诛灭了他。先用道理加以说服教育，还辅助以德行对这些恶人加以开导，如果他们还是不听从，就用武力来加以震慑，武力威势还是制伏不了他们，就只能出兵制伏了。所以圣人用兵，就和梳理头发，给地除草一样，是为了多数百姓的利益，清除少数害虫。为了保护不义的君主而杀害无辜的百姓，这是天下最大的祸害；为了满足一个暴君的欲望，把天下的财物消耗尽，这是最为深重的灾难了。假若夏桀和商纣所做的危害百姓的事，在刚开始时就被阻止了，所谓的炮烙酷刑也不会出现了；假若晋厉公和宋康王在干第一件不正当的事情时被及时制止，就不会出现侵别国施强暴的事了。这四位暴君，之所以后来残害百姓、扰乱天下，是因为他们的恶行没有人及时出来制止。放纵一个暴君的邪恶，等于为天下增加祸乱，为百姓带来祸害，因此出于天理人伦，放纵一个邪恶的暴君是不可以的。之所以要确立君主，目的是防止强暴讨伐叛乱，可是这个统治万民的君主却来残害百姓，是基本伦理所不允许的；设立这样残害百姓的君主，就好比给恶虎添翼，留着干什么呢！养鱼的人知道，要养鱼必须除掉吃鱼的猵獭，养家禽的人知道，要养家禽必须要消灭豺狼，又何况是管理天下百姓的人呢！

【原文】

夫兵之所以佐胜者众，而所以必胜者寡。甲坚兵利，车固马良，畜积给足，士卒殷轸[①]，此军之大资也，而胜亡焉。明于星辰日月之运，刑德奇[②]赅之数，背乡左右之便，此战之助也，而全亡焉[③]。良将之所以必胜者，恒有不原[④]之智，不道之道，难以众同也。夫论[⑤]除谨，动静时，吏卒辨，兵甲治[⑥]，正行五，连什伯，明鼓旗，此尉之官。前后知险易，见敌知难易，发斥不忘遗，此候之官也。隧路亟，行辎[⑦]治，赋丈[⑧]均，处军辑，井灶[⑨]通，此司空之官也。收藏于后，迁舍不离，无淫舆，无遗辎，此舆之官也。凡此五官之于将也，犹身之有股肱手足也，必择其人，技能其才，使官胜其任，人能其事。告之以政，申之以令，使之若虎豹之有爪牙，飞鸟之有六翮，莫不为用。然皆佐胜之具也，非所以必胜也。兵之胜败，本在于政。政胜其民，下附其上，则兵强矣；民胜其政，下畔其上，则兵弱矣。故德义足以怀天下之民，事业足以当天下之急，选举足以得贤士之心，谋虑足以知强弱之势，此必胜之本也。

【注释】

①殷轸：很多。

②刑德：指阴阳在一年四季中此消彼长的变化情况。奇：指打仗过程中将使用的变化多端的战术。

③ 全：保全。亡焉：与此无关。

④ 原：考察、推究。

⑤ 论：通“抡”，选择。

⑥ 王引之认为“兵甲治”下应有“此司马之官也”。

⑦ 行辎：指战略物资。

⑧ 赋丈：分派士兵修筑战壕一类的差事。

⑨ 井灶：军队休整时使用的水井和火灶。

【译文】

战争取胜的原因很复杂，但战争必胜的因素却很少。铠甲坚固，兵器锋利，战车结实，马匹精良，储备丰富，给养充足，士卒数量多、体力好，这些对战争来说是重要因素，可是战争胜利不完全取决于这些。同样，明白日月星辰运行的规律，懂得阴阳刑德变化的原理，用兵诡秘多端，行军列阵、安营扎寨等决策正确，这些对战争取胜都是有帮助的，但战争取胜不完全取决于这些。优秀的将帅是打胜仗不可或缺的保证，他们总会有深不可测的智谋和一些说不明白的法术，所以普通人是无法办到的。谨慎选择任命军吏，在适合的时间采取行动，管理军吏士卒有方，兵器铠甲等装备齐全，这些都是司马所负责的。军队行伍什佰编制明确，组织严明，战鼓令旗明晰，这些是尉官的职责。负责查看部队行军前方是否安全，查看对付敌军的难易程度，帮助军队侦察瞭望敌情，这些是候官的职责。确保道路畅通，辎重运输及时，军垒战壕大小合适，营帐搭扎安稳，军灶水井俱全，这属于司空的责任。帮助部队收容断后，转移驻扎时确保没有人离散，军车无流失，而且辎重没有遗失，这是军舆的责任。这五种官员的责任对将帅来说，就好比手足之于身体，所要任用的人一定要经过严格挑选，挑选出来的人一定要适用，保证做好这些职责范围内的事情。明确他们的政务，对他们申述军令，让他们如爪牙锋利的虎豹、翅膀健硕的鹰来为将帅效力。可是这些仍然只是辅助因素，并不起决定作用。战争的胜负，最根本的是政治。政治能够驾驭民众，人民就会依附于君主，因此军队肯定会强大；要是民众反对国家的政治，百姓就会背叛君主，那么军队的战斗力肯定会被削弱。

所以德政道义能够让天下百姓受到感化，事业能够应对天下的当务之急，选用的贤才能够取得天下贤士的拥戴，计谋智虑能够看出敌我双方力量的强弱，这些才是取得胜利的根本之所在。

【原文】

兵静则固，专一则威，分①决则勇，心疑则北，力分则弱。故能分人之兵，疑人之心，则锱铢②有余；不能分人之兵，疑人之心，则数倍不足。故纣之卒，百万之心；武王之卒，三千人皆专而一。故千人同心则得千人力，万人异心则无一人之用。将卒吏民，动静如身，乃可以应敌合战。故计定而发，分决而动，将无疑谋，卒无二心，动无堕容③，口无虚言④，事无尝试，应敌必敏，发动必亟。故将以民为体，而民以将为心。心诚则支体亲刃⑤，心疑则支体挠北。心不专一，则体不节动；将不诚必，则卒不勇敢。故良将之卒，若虎之牙，若兕之角，若鸟之羽，若蚈之足，可以行，可以举，可以噬，可以触，强而不相败，众而不相害，一心以使之也。故民诚从其令，虽少无畏；民不从令，虽众为寡。故下不亲上，其心不用；卒不畏将，其刑不战。守有必固，而攻有必胜，不待交兵接刃，而存亡之机固已形⑥矣。

【注释】

①分：名分。

②锱铢：古代的计量单位，一两的四分之一为锱，六铢为一锱。

③堕容：怠慢的神色。

④虚言：不能实现的空话。

⑤亲刃：亲密坚固。

⑥形：表现出来。

【译文】

军队安定就稳固，齐心协力就有威力，官兵责任明确就勇敢，部队里官兵要是互相猜疑就会导致失败，兵力分散战斗力就会削弱。所以把敌军的兵力分散，让敌军内部出现猜疑，那么只用少许兵力就足够了；反之，敌军兵力不能被分散，敌军内部不能出现猜疑，那么用数倍的兵力还是办不到的。所以纣王的士卒，百万人各自不同心；武王的部队，三千人凝聚一心，齐心协力。这样，千人同心就能得到千人的力量，万人异心的作用还不如一个人大呢。将帅和士卒、官吏和百姓要是情同手足，做到密切配合，就可以对付敌军，与敌军决战。所以计划一旦制订就必须坚决执行，任务明确就必须实践。将帅计谋不犹豫、士卒不生二心，行动就不会迟缓；将帅要是口号符合实际，做事果断坚决，肯定能灵活应对敌军，军队行动肯定迅速。将帅视民众如身体发肤，民众就会把将帅视为自己的心脏。心诚那么肢体和心脏就亲密，心疑那么肢体就背叛心脏；心不专一，那么躯体想灵活行动是不可能的；将帅不诚信，士卒自然不勇敢。听从良将的士卒，好比老虎的牙齿、兕牛的犄角、鸟雀的羽毛、百脚虫的脚，可以行，可以飞，可以咬，可以顶撞，强劲但不会互相打斗，势众却不互相伤残，这是因为它们受制于同一颗心的支配和控制。所以如果民众对将帅的命令言听计从，那么即使兵力少也不足畏惧；如果民众不服从众将帅的命令，那么即使兵多将广也是无所作为的。所以下层民众在战争时不和将帅同心，民众的心也就不能成为战斗力；下层的士卒对将帅不敬畏，将帅没有威信，自然也不会让百姓为他卖命。防守有必定牢固的条件和因素，进攻也有必胜的条件和因素，还没到兵刃相接时，胜负的征兆就已经显露出来了。

【原文】

神莫贵于天，势莫便于地，动莫急于时，用莫利于人。凡此四者，兵之干植[①]也，然必待道而后行，可一用也。夫地利胜天时，巧举胜地利，势[②]胜人。故任天者可迷也，任地者可束也，任时者可迫也，任人者可惑也。夫仁勇信廉，人之美才也，然勇者可诱也，仁者可夺也，信者易欺也，廉者易谋也。将众者，有一见焉，则为人禽矣。由此观之，则兵以道理制胜，而不以人才之贤，亦自明矣。是故为麋鹿者则可以置罘设也，为鱼鳖者则可以网罟取也，为鸿鹄者则可以矰缴加也，唯无形者无可奈也。是故圣人藏于无原，故其情不可得而观；运于无形，故其陈不可得而经。无法无仪，来而为之宜；无名无状，变而为之象。深哉睭睭[③]，远哉悠悠，且冬且夏，且春且秋，上穷至高之末，下测至深之底，变化消息，无所凝滞，建心乎窈冥[④]之野，而藏志乎九旋[⑤]之渊，虽有明目，孰能窥其情[⑥]！

【注释】

①干植：躯干、身体。

②势：以正确的方法治理军队所形成的威严的阵势。

③睭睭（zhǒu zhǒu）：深邃的样子。

④窈冥：深远幽静的样子。

⑤九旋：形容十分深。

⑥情：真实的情形。

【译文】

用兵打仗最可贵的精神是合于天道，最便利的形势是占据有利地形，最急切的行动是适宜时机，最有用的功用是人和。以上四方面，是决定成败的主要因素，可是要依赖“道”才有作用，才能使其中任何一种因素的作用得以发挥。地形便利比天时更重要，而巧妙行动比地形更重要，时势又比人和重要。因此只利用天时可能被“天”迷惑，专靠地形可能被“地”约束，专靠人和可能被“人”蛊惑，专靠时势可能受“时”胁迫。仁、勇、信、廉，都是人的美好品质，但是勇敢的人易受骗，仁慈的人易被侵夺，诚信的人易被欺，廉洁的人易遭到谋算。统率大军的将帅要是把以上四种美德的任何一种表现于外，就有可能被人利用甚至被擒获。由此可以看出，用兵打仗要想取得胜利，还是有一定的规律可循的，只依靠人才的贤能是不够的，这也是很明显的。因此部队要是像麋鹿那样轻举妄动会被人用兽网捕获，部队要是像鱼鳖那样胡乱游窜就有可能被人用渔网抓获，部队要是像天鹅那样翱翔就会遭受飞箭，所以只有做到不露痕迹，才不会被牵制。因此圣人把自己藏在无源头的地方，也就无从看见他们的面貌；圣人即使行动也要运行于无形之中，这样他的布阵用兵就不会遭人猜度。没有法度不受规矩的制约，事情到来才采取行动；没有名字没有形状，事情变化了也随之变化。实在是太幽深难测了，又太渺茫了，从冬到夏、从春到秋，往上能到最高顶峰，往下能到最深底层，不断变化，不受阻碍，没有凝滞，心神在幽静渺茫的旷野中游荡，把志趣藏进九旋回曲的深渊里。即使眼睛视力很好，谁能窥探到他的真情？

【原文】

兵之所隐议[①]者天道也，所图画者地形也，所明言者人事也，所以决胜者钤[②]势也。故上将之用兵也，上得天道，下得地利，中得人心，乃行之以机，发之以势，是以无破军败兵。乃至中将，上不知天道，下不知地利，专用人与势，虽未必能万全，胜钤必多矣。下将之用兵也，博闻而自乱，多知而自疑，居则恐惧，发则犹豫，是以动为人禽矣。今使两人接刃，巧拙不异，而勇士必胜者，何也？其行之诚也。夫以巨斧击桐薪，不待利时良日而后破之。加巨斧于桐薪之上，而无人力之奉，虽顺招摇，挟刑德，而弗能破者，以其无势也。故水激则悍，矢激则远。夫栝淇卫菌簬，载以银锡，虽有薄缟之幨[③]，腐荷之矰，然犹不能独射也。假之筋角之力，弓弩之势，则贯兕甲而径于革盾矣。夫风之疾，至于飞屋折木；虚举[④]之下大迖，自上高丘，人之有所推也。是故善用兵者，势如决积水于千仞之堤，若转员石于万丈之溪。天下见吾兵之必用也，则孰敢与我战者！故百人之必死也，贤于万人之必北也，况以三军之众，赴水火而不还踵乎！虽誂合刃于天下，谁敢在于上者！

【注释】

①隐：审度。议：谋略。

②钤：通“权”。

③幨：车帷。

④举：应为“舆”，车子。

【译文】

用兵所要审度谋略的是天道，所要绘制的是地理图形，所要客观评议的是人事，所要占取上风的是权变和气势。因此以才能出众的将帅用兵向上能得到天道，向下能拥有地利，在中能得人心，再利用机变，靠气势，并借助时机发动作战，因此部队不会失败。次等水平的将帅用兵是上不明白天道，下不懂地利，只借助人和与气势，不一定能全胜，但取胜的谋略还是有的。下等水平的将帅用兵是喜欢道听途说，正常思维也被搅乱了，智谋多却不果断，喜欢猜疑，平时患得患失，作战不能当机立断，只要有什么行动立刻会被人擒获。现在让两人拿着刀独斗，两人武艺相差无几，但勇敢的一方取胜，这是为什么呢？因为能够勇猛诚心地进攻。用大斧砍掉小树，不需要吉日良辰就能劈断小树；要是把斧头放在树枝上，不施加力气，即使是北斗星柄指向吉日良辰，且又占阴阳刑德的有利条件，还是不能成功，主要是由于力气没有作用于斧子。所以水流激荡就很有冲击力、箭被激发射程就很远。现在手中有了良箭，还涂饰银锡，即使目标是薄绢做成的车帷，腐叶烂草制成的盾牌，这涂饰银锡的良箭也不会自己去穿透。要是用上硬弓，再借助弓弩的弹力去发射，那么不管是犀牛皮做成的铠甲还是革制的盾牌都易于射穿。狂风的猛烈的力量，能把房顶掀飞，把树木折断；然而空车离开大路又上高坡，就需要借助于人力。所以善于用兵的将帅，只要是他所带的兵，气势也会和决口的积水从千仞高的堤坝奔腾而下一样，又好比滚动的圆石冲到万丈深的溪谷。要是这种气贯长虹的气势被其他的部队看到，谁敢与之抗衡呢！所以百人心里有必死的决心，就能击溃上万的心意不一的军队，更不用说那拥有赴汤蹈火、破釜沉舟的决心的三军人马了！即使挑战全天下的对手，又有谁敢挡在前面呢！

【原文】

所谓天数者，左青龙，右白虎，前朱鸟，后玄武[①]。所谓地利者，后生而前死，左牡而右牝。所谓人事者，庆赏[②]信而刑罚必，动静时举措[③]疾。此世传之所以为仪表者，因也，然而非所以生。仪表者，因时而变化者也。是故处于堂上之阴而知日月之次序，见瓶中之冰而知天下之寒暑。夫物之所以相形者微，唯圣人达其至。故鼓不与于五音而为五音主，水不与于五味而为五味调，将军不与于五官之事而为五官督。故能调五音者，不与五音者也；能调五味者，不与五味者也；能治五官之事者，不可揆度者也。是故将军之心，滔滔如春，旷旷[④]如夏，湫漻[⑤]如秋，典凝如冬，因形而与之化，随时而与之移。

【注释】

① 左青龙，右白虎，前朱雀，后玄武：古代的天文学家把天上的二十八星宿分为东西南北四个方向，每方有七个星宿，分别称为青龙、白虎、朱雀、玄武，后来兵家借用来排兵布阵。

② 庆赏：重赏。

③ 举措：采取行动。

④ 旷旷：广大的样子。

⑤ 湫漻：寂寥的样子。

【译文】

所谓天数是指二十八宿中的东方青龙、西方白虎、南方朱雀、北方玄武的天体运行的规律。所谓地利是指落在后面必死，冲到前面必活，暴露就不好，隐蔽就吉利。所谓人事是指能赏罚分明，言行一致，行动符合时宜，措施坚决执行。以上这些世代相传的东西看成是军事法则，固然没错，还是不可以算作基本的军事法则。基本的军事法则遵循“因时而变化”。所以观察堂前的阴影移动就可推知日月的运行，看到瓶中的水结冰预知寒暑之变。事物都有形成、变化的迹象，而且是很精微的，只有圣人才能得以掌握这种变化。因此鼓不参与更不生成五音，但它却支配着五音；水没有滋味，但却能和五味相调和；将军不参加五官的事务，却是五官的总督。所以能够使五音协调的是那奏不出五音的"鼓"；能使五味调和的是那没有五味的"水"；能使五官受到监督管理的事物，是难以猜度的。因此将军的心，像春天一样和暖，像夏天一样清朗，像秋天一样寂寥，像冬天一样凝固，随着形势变化而相应变化，随着时势推移而相应推移。

【原文】

盖闻善用兵者，必先脩诸己[1]，而后求诸人；先为不可胜，而后求胜。脩己于人，求胜于敌，己未能治也，而攻人之乱，是犹以火救火，以水应水也，何所能制！今使陶人化而为埴，则不能成盆盎；工女化而为丝，则不能织文锦。同，莫足以相治也，故以异为奇。两爵[2]相与斗，未有死者也，鹯[3]鹰至，则为之解，以其异类也。故静为躁奇，治为乱奇，饱为饥奇，佚为劳奇。奇正之相应，若水火金木之代为雌雄也。善用兵者，持五杀以应，故能全其胜。拙者处五死以贪，故动而为人擒。

【注释】

① 脩诸己：提高自己的修养。
② 爵：通"雀"，麻雀。
③ 鹯（zhān）：一种猛禽。

【译文】

据说善于用兵的人，肯定先从自我修养做起，然后才要求他人也去做；先做到不可被战胜，然后才希望去战胜别人。自我修养都得依靠别人，却想战胜别人，那么只能寄托于敌人自己出乱子再取胜于他，自己的部队要是混乱不堪还幻想敌人出乱子，再去战胜他的做法，无异于用火救火，用水堵水一样，怎么能够制伏对方呢！如果让陶工把自己变作黏土，那么他也就不会用黏土来制造盆盎了；要是让女工把自己变成丝线，那么她就不能再用丝线来织锦缎了。这说明同样的东西是不能达到治理目的的，使用一些与众不同的奇招才能把对手制伏。两只麻雀相斗，一只将另一只斗死的可能性不是很大，但一旦老鹰飞到，这问题就没有了，这是由于鹰和雀是两种不同的种类。所以用安静之兵对应急躁之兵，其神奇性就显示出来了，用治理整齐之兵对付混乱之兵，其奇异性也就显示出来了，以饱食之兵来应对饥寒之兵，就显示出奇异来了，以逸待劳也同样显示出奇异来了。奇正相对就好比水火、金木相对一样，相克就能看出胜负来了。善于用兵者，就好像拿着五行相克相生的道理来应对敌人，因此能取得胜利；而不善于用兵者，就不能掌握五行相生相克的道理，常常被人擒获。

【原文】

凡国有难，君自宫召将，诏之曰："社稷之命在将军耳，今国有难，愿请子将而应之。"将军受命，乃令祝史太卜斋宿[①]三日，之太庙，钻灵龟，卜吉日，以受鼓旗。君入庙门，西面而立；将入庙门，趋至堂下，北面而立。主亲操钺，持头，授将军其柄，曰："从此上至天者，将军制之。"复操斧，持头，授将军其柄，曰："从此下至渊者，将军制之。"将已受斧钺，答曰："国不可从外治[②]也，军不可从中御[③]也。二心不可以事君，疑志不可以应敌。臣既以受制于前矣，鼓旗斧钺之威，臣无还请，愿君亦以垂一言之命于臣也。君若不许，臣不敢将。君若许之，臣辞而行。"乃爪鬋[④]，设明衣[⑤]也，凿凶门[⑥]而出。乘将军车，载旌旗斧钺，累[⑦]若不胜。其临敌决战，不顾必死，无有二心。是故无天于上，无地于下，无敌于前，无主于后，进不求名，退不避罪，唯民是保，利合于主，国之实也，上将之道也。如此，则智者为之虑，勇者为之斗，气厉青云，疾如驰骛[⑧]。是故兵未交接而敌人恐惧。若战胜敌奔，毕[⑨]受功赏，吏迁官，益爵禄，割地而为调。决于封外，卒论断于军中。顾反于国，放旗以入斧钺，报毕于君曰："军无后治。"乃缟素辟舍，请罪于君。君曰："赦之！"退，齐服。大胜三年反舍，中胜二年，下胜期年。

兵之所加者，必无道国也，故能战胜而不报，取地而不反，民不疾疫，将不夭死，五谷丰昌，风雨时节，战胜于外，福生于内。是故名必成而后无余害矣！

【注释】

①祝史：掌管祭祀向神灵祷告的官。太卜：占卜的长官。斋宿：在祭祀前所要遵守的戒律，包括吃素斋，沐浴洁身，不与妻妾同房等，表示对上天的虔诚。

②从外治：指接受朝廷内外的统治。

③从中御：君主在宫廷内进行指挥。

④鬋（jiǎn）：剪除。

⑤明衣：古代丧礼中给死者所穿的衣服。

⑥凶门：朝向北的门，古代的门都没有朝北开的，将军在出征的时候凿一扇向北开的门，表示下定了必死的决心。

⑦累：危难。

⑧驰骛：快速奔跑的骏马。

⑨毕：全部。

【译文】

只要国家有难，君王就会于宫中召见将帅，对其颁布诏令："社稷的命运寄托在你身上，现在国家面临危难，希望你能率兵作战。"将帅领了君令，就命令祝史、太卜斋戒三天，然后一起去太庙，钻灵龟，卜定吉日，并安排授旗仪式。授旗那天，君王走进太庙以后，面朝西而站；将帅走进太庙，小步到达厅堂台阶下，面朝北而站。君王亲自拿着钺，手持钺头把钺柄交到将帅手上，说："从现在起，上至苍天，全部听从你的调遣。"君王再拿着斧，手持斧头把斧柄交到将帅手上，说："从现在起，下至深渊，全都听从你的指挥。"将军接过斧钺后对君王说："国家的政事不可以交给受命在外的武将，宫廷不能干预军队的事务。臣要是有二心的话是不能侍奉君王的，心神不宁的将帅是不能出征应战的。臣已经接受您的命令，象征权力的鼓旗和斧钺已经交到我的手上，臣行使权力时不需要回朝请示君王了，但愿君王不再对臣下达任何军事命令。君王要是不同意这一请求，臣就不敢率领军队出征。君王要是同意臣下的这一请求，臣立刻出发。”于是剪短指甲，身穿冥衣，打开凶门，开始征程。将帅乘坐帅车，插着军旗、斧钺，神情严肃。一旦和敌人针锋相对时，他就会拼死奋战，绝无二心。因此天地不可怕，前面的敌人不可怕，后面的君王也不可怕，进攻不为求取名声，后退不为逃避罪责，只是为了保护人民，维护君主的利益，这才是国家的珍宝，才称得上上等将领。要是做到如此，那么有智慧的人自然替他出谋划策，勇敢的人就会为他殊死搏斗，豪气升到云霄，速度如同骏马奔驰。因此，两军尚未交锋，敌人已经闻风丧胆。如果战斗大获全胜，敌人溃败，全军立功受赏，官吏提高官衔；爵禄增加，为有功之臣分封土地，升迁立功的官吏。决定在国境外就已形成，全部事务都在军中得到解决。班师回国，交还军旗和斧钺，向国君报告作战成果，说：“军中：没有还未处理的事务。”于是穿上素衣，离开府第而居，向国君请罪。国君说：“罪过全免。”将军告退，于是开始素服斋戒。取得大胜利，需要过三年才可以回府第居住，中等的胜利，需要过两年才能返回府第，下等的胜利，只需要一年就可返回府第。军队所到的，肯定是失道之国，因此战胜敌国也不会遭报复，夺取土地也不会受到攻击，不会给人民带来疾病瘟疫，将领不会英年早逝，农业丰收，风调雨顺，作战于国外，为国家带来福祉，因此定能树立好的名声，不会给后代遗留祸害。

人间训

【原文】

清净恬愉[①]，人之性也；仪表规矩，事之制[②]也。知人之性，其自养不勃[③]，知事之制，其举错[④]不或。发一端，散无竟，周八极[⑤]，总一筦[⑥]，谓之心。见本而知末，观指[⑦]而睹归，执一而应万，握要而治详，谓之术。居智所为，行智[⑧]所之，事智所秉[⑨]，动智所由，谓之道。道者，置之前而不挚，错之后而不轩[⑩]，内[⑪]之寻常[⑫]而不塞，布之天下而不窕。是故使人高贤称誉己者，心之力也；使人卑下诽谤己者，心之罪也。夫言出于口者，不可止于人；行发于迩[⑬]者，不可禁于远。事者，难成而易败也；名者，难立而易废也。千里之堤，以蝼蚁之穴漏；百寻之屋，以突[⑭]隙之烟焚。《尧戒》曰："战战栗栗，日慎一日。"人莫蹪于山，而蹪于垤。"是故人者轻小害，易微事，以多悔。患至而后忧之，是犹病者已惓而索良医也。虽有扁鹊[⑮]、俞跗[⑯]之巧，犹不能生也。

【注释】

①恬愉：安适愉快的意思。

②制：原则、法度。

③勃：通"悖"，这里是违背、荒谬的意思。

④错：通"措"，措施、举动。

⑤八极：八方。

⑥筦：事物的关键、中枢。

⑦指：指向、趋向。

⑧智：即"知"，知道。

⑨所秉：这里指所持的依据，遵守的原则。

⑩轩：本意为车子前高后低，这里引申为"高"，是翘起的意思。

⑪内：通"纳"。

⑫寻常：古代长度单位。八尺为一寻，两寻为一常。

⑬迩：近处。

⑭突：烟囱。

⑮扁鹊：原姓秦，名越人，战国时代名医。

⑯俞跗：上古时的名医，相传擅长外科手术，是黄帝的臣子。

【译文】

清静恬愉是人的本性，而仪表与规矩是为人处世时需要遵守的制度。知道人的本性，人就可以不违背自身的修养；知道为人处世的制度，人就不会因为做错了什么事情而迷惑。发乎一端，而能扩散到无边无际，周游八方，而又能回到中枢，这称之为“心”。见到事物的本身就能推断出它的结果，见到事物的指向就能推断出它的归宿，掌握了一点，就能应付成千上万的变化，掌握要领就能治理繁复庞杂的事物，这称之为“术”。在家时知道自己在做什么、出行的时候知道自己应该去哪里、做事情时知道应该秉承什么样的原则、有所行动的时候知道因为什么，这些称之为“道”。所谓“道”，放在前头它不会低伏，放在后面也不会翘起，放在狭窄的地方它不会显得拥堵，散布在天下它又不留空隙。所以要想让别人称赞自己，乃是“心”的功力；让别人轻视诽谤自己，也是“心”的罪过。话是出于自己口中，不可能让别人来阻止你；行为是自己做出来的，远处的人无法禁止你。事情成功很难，失败却很容易，树立好的名声很难，毁坏却容易。千里长堤由于蝼蚁挖掘洞穴导致渗水而坍塌，百丈高楼由于烟囱裂缝中冒出烟火导致焚毁。《尧戒》中讲道：“战战栗栗，一天比一天谨慎。人不会被大山绊倒，而往往被小土堆绊倒。”正是如此，人们都忽略小害，认为小事容易，以致酿成祸事才后悔，灾难已经降临才担忧，这就如同病危才去求良医诊治，这时即便有扁鹊、俞跗这样高明的医术，也很难让病人存活下去。

【原文】

夫祸之来也，人自生之；福之来也，人自成之。祸与福同门，利与害为邻，非神圣人，莫之能分。凡人之举事，莫不先以其知规虑揣度，而后敢以定谋，其或利或害，此愚智之所以异也。晓自然以为智，知存亡之枢机，祸福之门户，举而用之，陷溺于难者，不可胜计也。使知所以为是者，事必可行，则天下无不达之途矣。是故知虑者，祸福之门户也；动静者，利害之枢机也。百事之变化，国家之治乱，待而后成。是故不溺于难者成，是故不可不慎也。

【译文】

祸的来临是自己招引来的，福的到来是本人自己造成的。祸与福是同出一门，利与害是近邻，不是圣人，很难将其分清楚。

在大多数情况下，人们准备做某件事，都要先动脑子认真思考一番，然后，再根据思考得出的结论，定下计划。最终实践的结果，有人得利，有人则受害，这就是智者和蠢人的差别之处。但是，那些自认为通晓生死存亡的关键、祸福如何到来的聪明人，在处理事务时，还是会陷入危难的境地中，这样的事例数不胜数。如果大家在做事之前，知道事情一定能够做得到，那么天下也就没有什么不通的道路了。所以，智虑思考是祸福的根由，动静举措是利害的关键。百事的变化、国家的治乱，都要经过思考后，采取正确的行动才能取得成功。所以，不陷入灾难的人会成功，对此不可不审慎。

【原文】

有功者，人臣之所务也；有罪者，人臣之所辟[①]也。或有功而见[②]疑，或有罪而益信，何也？则有功者离恩义，有罪者不敢失仁心也。魏将乐羊[③]攻中山，其子执在城中。城中县[④]其子以示乐羊。乐羊曰：“君臣之义，不得以子为私。”攻之愈急。中山因烹其子，而遗[⑤]之鼎羹与其首。乐羊循而泣之曰：“是吾子！”已，为使者跪而啜三杯。使者归报，中山曰：“是伏约死节者也，不可忍也。”遂降之。为魏文侯[⑥]大开地，有功。自此之后，日以不信。此所谓有功而见疑者也。何谓有罪而益信？孟孙[⑦]猎而得麑，使秦西巴[⑧]持归烹之。麑母随之而啼，秦西巴弗忍，纵而予之。孟孙归，求麑安在，秦西巴对曰：“其母随而啼，臣诚弗忍，窃纵而予之。”孟孙怒，逐秦西巴。居一年，取以为子傅。左右曰：“秦西巴有罪于君，今以为子傅，何也？”孟孙曰：“夫一麑而弗忍，又何况于人乎！”此谓有罪而益信者也。故趋舍不可不审也。此公孙鞅[⑨]之所以抵罪于秦，而不得入魏也。功非不大也，然而累足无所践者[⑩]，不义之故也。

【注释】

①辟：通“避”。

②见：被。

③乐羊：战国时魏国魏文侯时期的大将。

④县：通“悬”。

⑤遗：送。

⑥魏文侯：战国初魏国的建立者。在位期间，兴修水利，奖励耕战，进行封建制的改革，使魏国成为战国初期的强国。魏文侯十七年（前408年），灭中山国。

⑦孟孙：姬姓。春秋时鲁国大夫。

⑧秦西巴：孟孙的家臣。

⑨公孙鞅：战国时期政治家、思想家。卫国国君的后裔，后封于商，后人称之商鞅。应秦孝公求贤令入秦，说服秦孝公变法图强。秦孝公在位执政十九年，秦国大治，史称商鞅变法。前338年，秦孝公崩，惠文王嬴驷即位，公子虔告商鞅谋反，商鞅逃亡至边关，欲宿客舍，结果因未出示证件，店家不敢留宿，欲逃往魏国，魏人亦不愿收留。后来商鞅回到商邑，被处车裂之刑。

⑩累足：指捆住手脚。累足无所践者：指无立足之地。

【译文】

建立功业是每个人臣所追求的目标；犯罪受罚是每个人臣希望避免的后果。但有时会出现这样的情况，那就是建立了功勋却引起别人的猜疑，有了罪过却反而更加受到别人的信任。这是什么原因呢？人为了追逐功名利益，有时就不顾及情义了；而有了罪过的人却不敢再失去仁义之心。因此，就会出现上述情况。魏国将军乐羊率部队进攻中山国。中山人把他的儿子抓起来关押在城里。中山国的人将乐羊的儿子绑起来吊在城头上让乐羊看。乐羊看过后，说：“君臣之间的大义就是效忠君主，尽到我做臣的职责，我不能因为自己的儿子产生私情。”于是，他指挥部队越发猛烈地攻城。中山国的人就把他的儿子给烹煮了，还派人将一鼎他儿子的肉羹和头颅送交给乐羊。乐羊抚摸着儿子的头颅，泪流满面地说：“这是我的儿啊！”说完之后，向使者跪下，连着喝下了三杯肉羹。使者回去报告说：“乐羊是一个为了节义不惜献身的人，真的没有办法对付他。”于是，中山国只得向魏国投降。在这次战争中，乐羊为魏文侯开拓了大片的领土，建立了大功。可是谁也没有想到，自此之后，魏文侯一天比一天不信任乐羊。这就是所谓的有了功劳却反而引起别人的猜疑。那么，什么是有了罪过却反而赢得别人的信任呢？孟孙在外打猎，捕获到了一头小鹿，于是命令手下人秦西巴拿回家去烹煮。母鹿紧紧跟随在秦西巴的后面悲啼不止，秦西巴不忍心伤害幼鹿，于是就放掉幼鹿，把它还给了母鹿。孟孙返回家中之后，追问起幼鹿的下落，秦西巴只好回答道："这幼鹿的母亲一直在我的身后不停地哀啼，我实在不忍心，于是自作主张把幼鹿还给母鹿。"孟孙听后非常生气，一气之下就把秦西巴给赶走了。过了一年后，秦西巴又被孟孙召回来担任孟孙儿子的老师。孟孙身边的人就问："秦西巴在您这里犯过过错，为什么现在您又找他来做您儿子的老师呢？"孟孙回答说："连一头幼鹿都不忍心加以伤害的人，更何况对人呢？"这就是所谓有了罪过却反而受到人的信任的例子。所以，人的进退取舍不可以不慎重，取舍不慎重，这就是公孙鞅在秦国获罪却又不能前往魏国避难的原因。公孙鞅的功劳不是不大，可他就是没有立足的地方，寸步难行，这是由于他不义的缘故。

【原文】

圣王布德施惠，非求其报于百姓也；郊望禘尝[①]，非求福于鬼神也。山致[②]其高，而云起焉；水致其深，而蛟龙生焉；君子致其道，而福禄归焉。夫有阴德者，必有阳报；有阴行者，必有昭名。古有沟防不脩，水为民害。禹[③]凿龙门[④]，辟伊阙[⑤]，平治水土，使民得陆处。百姓不亲，五品[⑥]不慎，契[⑦]教以君臣之义，父子之亲，夫妻之辩，长幼之序。田野不脩，民食不足，后稷[⑧]乃教之辟地垦草[⑨]，粪土[⑩]种谷，令百姓家给人足。故三后[⑪]之后，无不王者，有阴德也。周室衰，礼义废，孔子以三代之道教导于世。其后继嗣至今不绝者，有隐行也。秦王赵政[⑫]兼吞天下而已，智伯[⑬]侵地而灭，商鞅支解，李斯[⑭]车裂。三代种德而王，齐桓[⑮]继绝而霸。故树黍者不获稷，树怨者无报德。

【注释】

①郊望禘尝：郊，祭天。望，祭日月星辰、山川。禘、尝，祭宗庙、祖先。

②致：达到。

③禹：人名，因治水有方，后人尊称大禹。传说是夏后氏部落的首领，是子承父位、中国奴隶制的创始人。

④龙门：龙门山。在今山西河津。

⑤辟伊阙：伊阙在今河南洛阳南二十里处的龙门石窟前。此地两山对峙，伊水从中穿过，称为伊阙，传说是禹开凿的。

⑥五品：五常、五伦。即父子、君臣、夫妻、兄弟、朋友五种关系。

⑦契：帝喾之子，尧的异母弟，生母为简狄。

⑧后稷：古代周族的始祖。传说有邰氏之女姜原踏巨人脚迹，怀孕而生，因一度被弃，故又名弃。善于种植各种粮食作物，曾在尧舜时代当农官，教民耕种，被认为是开始种稷和麦的人。

⑨垦草：开垦荒地。

⑩粪土：施肥，指改良土壤。

⑪三后：指禹、契、后稷。

⑫赵政：秦始皇嬴政，因秦国的祖先姓赵，故称为赵政。

⑬智伯：即知伯，名瑶，又称智囊子，春秋末年晋国四卿之一。独擅晋国大权。非常跋扈，并想吞并赵、韩、魏三家的土地，结果失败，全族被灭。

⑭李斯：秦代政治家。秦王政十年（前 257 年）下令驱逐六国客卿。李斯上《谏逐客书》阻止，为秦王政所采纳，不久官为廷尉。在秦王政统一六国的事业中起了较大作用。秦统一天下后，被任为丞相。秦始皇死后，他与赵高合谋，伪造遗诏，迫令始皇长子扶苏自杀，立少子胡亥为二世皇帝。后为赵高所忌，于秦二世二年（前 208 年）被腰斩于咸阳闹市，并夷三族。

⑮齐桓：春秋时齐国国君，姜姓，名小白。即位后，任用管仲改革，选贤任能，加强武备，发展生产。号召“尊王攘夷”，助燕败北戎，援救邢、卫，阻止狄族进攻中原，国力强盛。安定周朝王室内乱，多次会盟诸侯，成为春秋五霸之首。

【译文】

圣贤的君王为天下百姓布施恩德，并不是希望从百姓那里得到回报；举行仪式祭拜天地、日月山川和祖宗，并不是为了谋求鬼神能够赐福给他。山高到一定程度，自然就会有云雨在其间兴起；河水达到一定的深度，也自然会有蛟龙在其中产生；君子修行达到一定的道德修为，也一定会有福禄属于他们。那些在暗中积德的人，必然会得到公开的好报；那些暗地里施惠的人，也一定会获得显耀的声望。古时候，沟渠堤防得不到修建，洪水成了人民的灾害，于是夏禹凿开了龙门，开辟出了伊阙，使洪水得到平息，土地得到整治，使百姓能够在陆地上安居乐业。百姓们相互之间不亲近、五种人伦关系没有理清楚，于是契就教育百姓明白君臣、父子、夫妻、兄弟之间的尊卑等级以及相关礼仪。田地荒芜了，民众没衣服穿，缺少粮食，于是，后稷就引导百姓开垦荒地，改良土壤，播种粮食，让百姓家家都能丰衣足食。所以，这三位君王的后代没有不成为帝王的，这就是因为他们平时积阴德的缘故。周王室衰微，礼义尽废，孔子就用三代圣王的道德来教育世人，孔氏家族后嗣人丁兴旺，至今不绝，这就是孔子平时品德行为高尚的缘故。秦王赵（嬴）政使用暴力兼并了天下，但很快遭到灭亡，智伯侵占韩、魏、赵三国的土地最终反被消灭，商鞅由于实行苛政而遭车裂，李斯由于谋害忠良而遭腰斩的处罚。夏、商、周三代君王施行仁政而称王天下，齐桓公又由于帮助弱小的国家而成为霸主。种黍的不会收获稷，埋下怨恨的不会得到恩德的报答。

【评析】

《人间训》重点论述祸与福的关系，其主旨用《要略》的话说，就是“观祸福之变，察利害之反，钻脉得失之迹，标举终始之坛也。分别百事之微，敷陈存亡之机，使人知祸之为福，亡之为得，成之为败，利之为害也”。文章以大量的历史事例、寓言等，论述了人世间的各种对立关系，以祸福为中心，涉及了得失、损益、利害、功罪、取舍、毁誉等诸多方面，具有很强的辩证法意味。

作者首先从主观和客观两个方面，论述和分析了祸福产生的根源，认为“夫祸之来也，人自生之；福之来也，人自成之”，祸与福的产生，很大程度上是由人自身的原因造成的，不能不慎重对待。其次，作者认为，“祸与福同门，利与害为邻”，祸、福互相依存、转化，坏事可以引出好的结果，好事也可以引出坏的结果。“塞翁失马”就是一个很好的例子。因此，看问题不能绝对，要用辩证的眼光去对待祸与福。作者还讲到了祸福与时世的关系，在一个时代可以带来福气的品行举动，在另一个时代可能就是祸根，“圣人虽有其志，不遇其世，仅足以容身，何功名之可致也”。所以，要因时而变，不能泥而不化。

此外，作者还论述到了“欲利之而反害之”“有功而见疑”和“有罪而益信”“事或夺之而反与之，或与之而反取之”“直于辞而不害于事”和“亏于耳以忤于心而合于实”“听计当而身疏”和“言不用计不行而益亲”“或无功而先举，或有功而后赏”“或有罪而可赏”和“或有功而可罪”“或誉人而适足以败之，或毁人而乃反以成之”“或贪生而反死，或轻死而得生，或徐行而反疾”等一系列对立事物之间的相互转化关系，告诫人们，要看到事物的本质，不要被现象迷惑。同时，也要见微知著，从问题产生的根源入手，防患于未然，远离祸患，防止“务于救患之备，而莫能知使患无生”。

文章最后，作者还分析了“类之而非”“非类而是”“若然而不然”及“不然而若然”四种情况，指出事物真相难辨，稍有不慎就会犯错误，告诫人们不要被假象迷惑，并抒发了一段很有哲理的感慨：“夫事之所以难知者，以其窜端匿迹，立私于公，倚邪于正，而以胜惑人之心者也。若使人之所怀于内者，与所见于外者，若合符节，则天下无亡国败家矣。”

利害得失，是人们日常生活中时时会遇到的问题，如何正确地看待它们，处理好两者之间的关系，变害为利。文中讲到的这些事例，相信对我们不无启发。

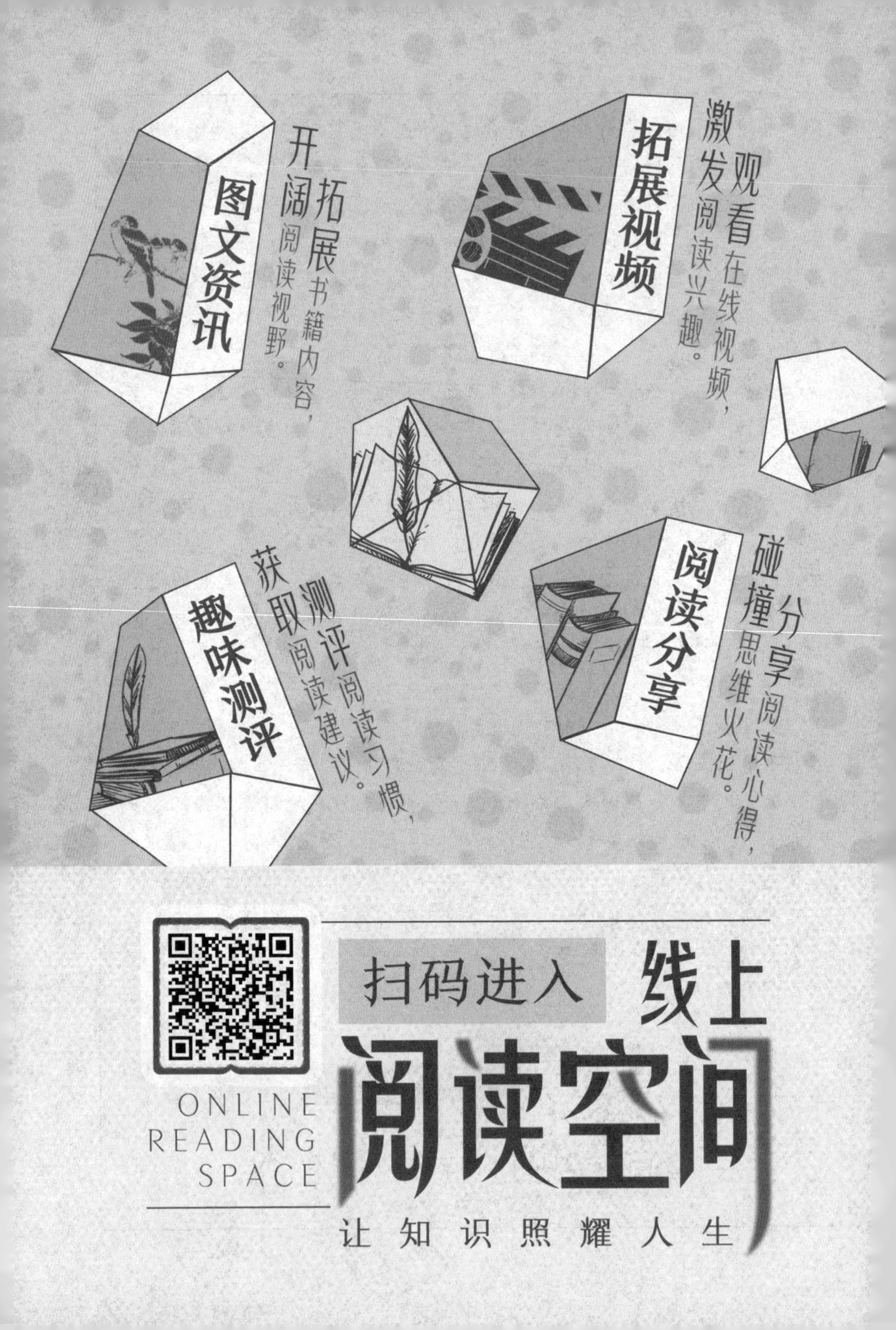
图文资讯
拓展书籍内容，开阔阅读视野。
拓展视频
观看在线视频，激发阅读兴趣。
趣味测评
测评阅读习惯，获取阅读建议。
阅读分享
分享阅读心得，碰撞思维火花。
扫码进入
线上
阅读空间
ONLINE
READING
SPACE
让知识照耀人生